中国
政治体制100年

何が求められてきたのか

深町英夫［編］

中央大学出版部

はじめに

現代中国の政治体制は、しばしば時事的関心の対象となる。特に、中国の存在感がいや増し、日中関係がますます緊密化しつつも複雑化している今日、この巨大な隣国の政治体制は、日本人にとっても無視しえない意味を持つようになっている。

しかし、それがどのように形成されてきたのかという、歴史的背景に思いが致されることは、専門の研究者を除けば、意外なほどに少ないのではないか。一九四九年以前の近代中国に今日の日本人が関心を持つとすれば、そのほとんどは日中戦争をめぐる文脈においてであろう。だが、現代中国の政治体制は、まさに本書が説くように、二〇世紀初頭以来の一〇〇年におよぶ模索の結果として、今日の姿となっているのである。

本書は、二〇〇九年二月一日に東京ガーデンパレスを会場として開かれたシンポジウム、「中国政治体制一〇〇年　歴史学と政治学の対話」（中央大学政策文化総合研究所「学際的中国研究の探求」プロジェクト主催、中央大学日中関係発展研究センター共催）の記録をもとに、編集・

構成したものである。
このシンポジウムでは、まず深町英夫の問題提起に続いて、李暁東・金子肇・中村元哉・唐亮が報告し、これに高橋伸夫が批評を加えた後、全体討論が行なわれ、斎藤道彦の総括発言により締めくくった。全体討論では来場者からの発言も数多くあったが、本書では版権の関係で割愛している。

シンポジウムの開催と本書の出版に際して編者が目指したのは、近現代中国の通史を描き出すことでも、中国政治体制をめぐる統一見解を示すことでもない。むしろ、新たな政治体制が模索されてきた過程で何が問題であったのか、換言すれば、この一〇〇年間に中国人は何を求めてきたのかを、近現代中国政治史の各時期を専攻する複数の研究者の目で、多角的に洗い出すことである。つまり、議論に決着をつけることではなく、いわば論点を整理して議論の叩き台とすることが目的なのである。

それゆえ、シンポジウムと本書に参加した七人の議論は一点に収斂するどころか、時にすれ違い、時に衝突し、少なからぬ見解・立場の相違を露呈している。しかし、むしろこのような議論を通してこそ、中国政治体制史をめぐる多様かつ錯綜した諸問題が浮き彫りになったと信じる。本書を上梓し、今後の議論の材料に供するゆえんである。（編者）

目次

はじめに

目次

序章　中国政治体制史を見る視座

深町英夫

一　一〇〇年史の中の一九四九年――歴史学と政治学の接点

二〇〇九年は、中国共産党による中華人民共和国の建国六〇周年に当たる。しかし、時代をさかのぼってみると、この建国に先立つこと約二〇年、今日から数えれば約八〇年前の一九二八年に、中国国民党が国民革命によって全国をほぼ統一しており、さらにさかのぼることと二〇年、今から約一〇〇年前の一九〇八年には、清朝が中国史上最初の憲法とも言うべき憲法大綱を公布している。

逆に時代を下ってみると、今から約三〇年前の一九七八年に、いわゆる改革・開放政策が始まり、その約一〇年後、今日から数えて二〇年前には、民主化運動を契機とする六・四天安門事件が起こった。このように考えてみると、一九四九年の中華人民共和国建国というのは、中国が新たな政治体制を模索してきた、この一〇〇年におよぶ過程の上に位置づけることができ、あるいはそのひとコマであったと考えることもできるのではないだろうか。

では、いったいなぜ一〇〇年もの間、政治体制の変革が求められ続けてきたのだろう。換言すれば、中国の政治体制はなぜ幾度も転換を繰り返し、しかも今日なお改革の必要性・可能性が議論されているのか。この過程を通底する、なんらかの共通の理念や方向性が存在するのだろうか。総じて言うならば、この一〇〇年間に中国人は、政治体制の変革によって、いったい何を求めてきたのだろう。

近現代中国の政治体制に関しては、歴史学者と政治学者がそれぞれに多様な分析・検討を行なってきた。しかし、一〇〇年におよぶ展開過程を全体として巨視的に俯瞰する試みは、意外にもあまり行なわれておらず、むしろ歴史学者と政治学者との間には、越えがたい壁のようなものが存在するかに思われる。

すなわち、歴史学者はおおむね一九四九年以前の、いわゆる「近代中国」を検討対象とすることが多いのに対して、政治学者はどちらかというと、一九四九年以後の同時代の「現代中国」を検討対象とすることが多い。もちろん、個別には一九四九年以前を研究している政治学者もいれば、一九四九年以後に「越境」する歴史学者もいるが、一般的な傾向として、このような違いがあることを指摘できるだろう。

すると、一九六〇〜七〇年代頃であれば、政治学者が研究する同時代の中国というのは、歴史学者が研究する一九四九年以前の中国と、ごく近い隣接した領域であったため、両者の間で対話が比較的成り立ちやすかった。ところが、時代が下るにつれて、一九八〇年代から一九九〇年代、そして二一世紀になると、政治学者が研究する同時代の中国もそれにつれて下っていき、あいかわらず一九四九年以前を研究している歴史学者との距離が広がってしまい、両者の間に乖離が生じることになる。そのために、両者の対話が次第に困難になってきているのが、現在の状況ではないだろうか。

それゆえに、ともすると木を見て森を見ぬ弊に陥り、この一〇〇年におよぶ政治体制の転変を巨視的に俯瞰して、その過程で何が求められてきたのかという、先に述べた根本的な問題を考察することが、きわめて困難になっていると思われるのである。

たとえば、現代の中国政治を研究する場合、いわゆる「民主化」は避けて通ることのできない課題であろう。共産党の一党支配体制が、今後より多元主義的な体制に移行・転換する可能性があるかないか、あるいはそれがそもそも望ましいかどうか、といった課題である。

こういったことについて考える場合、少し歴史を振り返ってみると、そう遠くない過去、つまり一〇〇年足らず前の中華民国初期に、実は中国において一度は、多党制の議会制民主主義が採用されていたことを想起するのも、あながち無意味ではなかろう。清朝末期の政治参加要求の一つの帰結として辛亥革命が勃発し、中華民国が成立した。そして採用された議会制民主主義は、しかし間もなく挫折してしまう。その後、まず国民党、ついで共産党の一党支配体制が成立し、それが二一世紀の今日にまで続いているのである。

こういった経緯を思い起こしてみると、今日における政治体制の問題も、そのような歴史的背景を視野に入れて考えた方が、より巨視的な議論ができるのではないかと考えられる。そこにこそ、歴史学者と政治学者とが一堂に会して対話する意義があると言えよう。

二 「政治体制」とは何か――近現代中国に即して考える

政治体制とは何かという課題は通常、政治学の領域に属するものであろう。しかし、政治学者による政治体制概念の定義に、私のような歴史学者はいまひとつ物足りないものを感じている。それは、政治学における議論の多くが、もっぱら共時的に存在する、さまざまな体制の比較・分類に関心を集中させていて、通時的に体制がどう転換してきたか、あるいはどう発展していくのかということについては、あまり十分に考察していないように思われるからだ。

最も有名なホアン＝リンス(1)の所説は、民主主義と全体主義とを両端に置き、その中間に権威主義という概念を設定するものであり、またもう少し一般的に使われる概念としては、資本主義と社会主義とが対比されるが、これらはいずれも共時的な分類である。そもそも政治体制概念自体の定義が、おおむね近代的な諸体制を前提として行なわれているように思われる。だから、我々の課題である前近代的体制から近代的体制への移行過程を考える上で、今まで政治学の領域で行なわれてきた政治体制の定義や分類は、やや不十分なのではないだろうか。

そこで、政治体制の歴史的な転換過程を考えるという当座の目的のために、ごく便宜的かつ簡単にではあるが、政治体制という概念を「国家の社会に対する支配の制度化された構造」と定義し、さらにその四つの要因・指標として、正統性・政治参加・社会編制・強制力を設定してみたい。政治参加と社会編制とが国家と社会との双方向の関係で、政治参加が下から上へ、社会から国家へと向かうベクトルであり、逆に社会編制とは上から下へ、国家から社会へと向かうベクトルである。そして正統性と強制力とが、このような支配関係を基礎づける、片や心理的基礎であり、片や物理的基礎である。

以下、近現代中国の場合に即して、この四つの指標を、もう少し詳しく考えてみることにしよう。

(一) 正統性——法治

二〇世紀初頭、中国の体制変革は憲法制定から始まった。欧米の立憲主義は、絶対王政から市民革命へと向かう時代に、君主・政府の人民に対する恣意的な権力行使を防ぐべく、法という非人格的な契約にのっとって、統治が行なわれるよう求めたことに由来する。支配の合法性が、しばしば近代的政治体制の指標とされるゆえんであろう。

中国の場合、清朝末期の憲法大綱や中華民国初期の新旧約法、そして幾度かにわたり修正を加えられてきた中華民国・中華人民共和国の憲法は、それらを制定した個人・集団が自己の統治を強化するための、道具にすぎなかったと批判されることもある。しかし、これら諸憲法が相次いで出現した事実こそ、各政権の支配が法による正統化を必要としたことの証左かもしれない。誰が、なんの目的で、どのような憲法を制定し、それがどのように機能したのかを再検討することにより、近現代中国における法治の展開を考えることができよう。

（二）政治参加――民意

多党制の民主主義にせよ一党制の全体主義にせよ、たとえ擬制的にであれ、民意の付託に支配の正統性を求め、広範な国民を動員して政治に参加させることは、近代的体制と前近代

（1）ホアン＝リンス（Juan J. Linz）ドイツ出身でスペイン国籍を持つアメリカの政治学者。著書に『民主体制の崩壊　危機・崩壊・均衡回復』（内山秀夫訳）岩波書店、一九八二年、『全体主義体制と権威主義体制』（高橋進監訳）法律文化社、一九九五年等。

的体制との、最大の相違であるかもしれない。

中国においても、清朝末期の各省諮議局や中央の資政院に始まり、中華民国初期の国会・省議会や政治会議・参政院、そして国民党政権下の立法院・参政会・国民大会から、共産党政権下の人民代表大会・政治協商会議に至るまで、実にさまざまな民意機関が設けられてきた。しかし、欧米型の代議制度に基づく政治参加は早々に挫折し、むしろ主権者としての人民の未熟を理由に、民意の代行を標榜する前衛的革命党による独裁的統治が、相対的に安定した体制を築いてきたことも事実だ。法治を破壊したカリスマ的指導者が、大衆の熱狂的な支持を得ていた事例すらある。近現代中国政治において民意は、どのように表出されてきた（あるいはこなかった）のか。

（三）社会編制──統制

近代国家は概して社会から動員しうる人的・物的資源を最大化すべく、国民教育の普及や国民経済の形成に努める。経済的・文化的諸活動に対する政府権力の統制・介入の程度は、資本主義体制と社会主義体制とで大きく異なるが、後発国では国家の富強化が最優先されるため、より統制的な支配形態に傾きやすい。これが政治参加の制限と相まって、いわゆる「開発独裁」として現象することになる。

清朝末期の洋務運動から人民共和国の改革・開放に至るまで、中国でも富強は独立・統一と並ぶ国是であり続けている。今日では、言論統制や計画経済は消極的に評価されがちであるが、他方で「資本の暴走」が批判され、国家の市場に対する介入・統制が求められることもある。中国の経済的・文化的近代化過程における国家政府の役割は、どのように変遷してきたのだろうか。

(四) 強制力——軍隊

戦争が国民国家間の総力戦として行なわれることの多い近代世界では、軍隊が特定の民族集団や世襲的階級ではなく、広範な国民全体に兵源を求め、私的忠誠関係よりも制度化された組織系統に基づいて、政府の一元的な指揮の下に置かれる、いわば「国軍」化が進行した。これは、主権国家の法令・行政が、その領域内で効力を発揮するための、一つの基礎を提供したと考えられる。

中国の近代的軍隊は、清朝末期に各省で編制された新軍に始まる。しかし、民国初期の中央政府は全国の軍権を統一的に掌握できなかったため、約法・国会の形骸化といわゆる「軍閥割拠」状態を招来した。では、独自の軍隊を指揮して政権を奪取した国民党・共産党の統治下で、それらの「党軍」は「国軍」となったと言えるのだろうか。これは、上記三点とも深く関わる課題であると思われる。

以上のような四項目を考察する上で、さらに次の二点を考慮に入れる必要があろう。

（一）　国　情

上記四項はいずれも、西洋「近代国家」の政治体制を一種の理念型として、近現代中国に出現した諸体制を、それと比較するために設定された観点である。しばしば言われる通り、中国は他に類例を見ない広大な国土と膨大な人口、そして長い歴史的背景と複雑な民族構成を持つ。近代世界の「普遍的」理念は、このような国家に適用しうるのだろうか。

（二）　国際環境

しかし、近現代中国における新たな政治体制の模索が、「西洋の衝撃」によって始まったことも否定できない事実である。帝国主義・世界戦争・冷戦・グローバリゼーションは、中国の国家・社会に深甚な影響を与えてきた。歴史的一回性を持ち出すまでもなく、このような時代は史上前例を見ないものであり、中国も「万古不易」ではありえないのではなかろうか。

以上の諸点は、あくまでも議論の出発点として列挙したにすぎないが、近現代中国の政治体制史をめぐるさまざまな問題の多くが、これら四項・二点のいずれかに関わってくるものと思う。

第一章　伝統・民意・民度

——清朝末期の体制変革

李　暁　東

二〇世紀初頭、列強による「瓜分」（分割）への危機感から、中国知識人たちは富強の道を政治体制改革に求め始める。彼らの中には、一八九〇年代に革命運動を開始していた孫文を支持して、満洲人の王朝を打倒し漢人の共和国を建設しようとする者もいたが、他方で王朝体制を維持しつつ立憲君主制を採用すべきことを唱える者も多く、両者の間で激しい論争が展開された。革命運動は学生・軍人に少しずつ浸透していったが、立憲運動・国会開設請願運動も、中国各地に台頭しつつあった地方有力者層に、支持者を次第に広げていく。

このような状況下で、清朝も政治体制改革に乗り出していた。一九〇五年には一三世紀も続いた官吏登用制度である科挙を廃止するとともに、五大臣を海外に派遣して各国の憲政を視察させ、一九〇六年には「預備立憲」を宣布して、憲政準備に着手する。そして、一九〇八年には大日本帝国憲法に範を採った「憲法大綱」を公布し、さらに諮問機関として一九〇九年には各省に諮議局を、一九一〇年には中央に資政院を開設し、それらの議員の選挙も行なわれた。

国会が正式に開設される前に、清朝は一九一一～一二年の辛亥革命により崩壊したが、王朝体制下での憲法制定・国会開設の試みは、中国政治体制史上において、どのような意味を持つのだろうか。

（編者）

一　問題提起──中国政治の変と不変

まず、次の発言を見てみよう。

人代〔人民代表大会〕の監督の目的とは、「一府両院」〔政府・法院・検察院〕を督促し、なおかつ支持することによって、法に依拠した行政活動を行ない、公正な司法活動を行なうことである。全人代常務委、国務院、最高人民法院、最高人民検察院はいずれも党の領導下の国家機関であり、たとえ分業関係にあって職能が異なっていたとしても、活動の基本的出発点と目標はいずれも一致している。全人代常務委と「一府両院」との間の監督と被監督の関係は、西側諸国の議会と政府、司法機関との間の権力の均衡と抑制の関係とは異なる。人代の監督活動において、監督と支持は結合させなければならず、監督と同時に支持を強調しなければならない。監督をつうじて、政府と法院そして検察院の活動を支持するものであればなおさらよいことである。

〔李鵬全人代常務委員会委員長「李鵬委員長在九届全国人大常委会第二次会議上的講話」一九

九八年四月二九日、加茂具樹『現代中国政治と人民代表大会　人代の機能改革と「領導・被領導」関係の変化』慶應義塾大学出版会、二〇〇六年、一九三〜一九四頁）

元全人代常務委員会委員長である李鵬(1)のこの発言が、共産党による一党支配を前提にしたものであることは、明らかである。ここには、一つの対立軸が見られる。すなわち、西洋諸国においては議会が政府を抑制するのに対し、中国の場合は議会が政府を監督すると同時に支持するという点に、一つの大きな違いがある。

他方、これを通時的な視点で考えると、もう一つの側面が見えてくるのではないだろうか。三回の革命を経た近現代中国には、変わった部分と変わらなかった部分がある。本章では特に変わらなかった部分について、考えていくことにしたい。

二　清末国会論における「通」の性格

（一）　清末以前の変革論における「通」

まず、明末清初の思想家である黄宗羲(2)に注目したい。次に引用するのは、彼の「通・塞」

をめぐる議論である。

泰は通と訓じ、否は塞と訓ず。ただ通塞の二字のみにて古今治乱の故を尽くすに足る。この故に天下を有する者、小民の寒暑雨日を祈るを上より聞き、臣下の嘉言攸伏するなくして、天下の気脈自ずから流通す。便ち是れ至治の世なり。衰乱の時に当たるがごときは、忌諱愈々深くして人情隔碍し……（黄宗羲「泰卦講義」『政学合一集』）

ここにおける「通」とは、「上」と「下」、治者と被治者との間の「人情」を「隔碍」するものをなくす、という意味に理解することができる。この「通・塞」論において黄宗羲が具体的に何を構想したのかは、彼の学校論に見られる。黄宗羲は、次のように説く。

（1）　李鵬（一九二八〜　）上海市出身。一九四五年に中国共産党に入党し、一九八七年に政治局常務委員、翌年に国務院総理に就任する。一九九八年から二〇〇三年まで全人代常務委員会委員長を務めた。
（2）　黄宗羲（一六一〇〜一六九五）浙江省出身。儒学者であったが、明朝が滅亡し清朝が中国を支配すると、義勇軍を組織して抵抗した。著書に『明夷待訪録』『明儒学案』等。

天子の是とすることは、いまだ必ずしも是でなく、天子の非とすることは、いまだ必ずしも非でないから、天子もまたかくてあえてみずから是非を決定しないで、その是非決定を学校に公開するのである。（『明夷待訪録　中国近代思想の萌芽』（西田太一郎訳）平凡社、一九六四年「学校篇」四一頁）

黄宗羲によれば、古代中国に学校が設けられたのは、ただ人材を養成するためだけではなく、天下を治める方法も、みな学校で決められることになっていた。彼の見るところでは、大学の学長の地位は宰相に等しく、学長が講義し、天子以下は弟子の列につく。政治に欠陥があれば、学長が直言する。他方、地方においては郡県の学校で学監が講義をして、郡県の官は弟子の列につく。そして師弟で討論をし、政治の欠点を指摘する。これが学校の場において行なわれたというのだ。

このような黄宗羲の学校の構想は、言うまでもなく近代的な国会制度とはまったく異なる。ただし、天子の絶対性を相対化し、権力に対する監督が強く意識されていた点では、共通していると考えられる。そして、その背後にはやはり儒教の民本思想の背景があったのではないだろうか。「天の視るは我が民の視るに自い、天の聴くは我が民の聴くに従う」（『孟子』「万章上」）というような、「天意＝民意」という民本思想が、その背景をなしていたと考えられるのである。

（二）　清末の国会論における「通」

次に、清末の思想家である鄭観応(3)を取り上げよう。彼によれば、議院がないと、君民の間、勢は阻隔することが多く、志したことは必ず背違し、力は権限によってわかたれる。

鄭観応からすれば、議院の役割は君民の間の「阻隔」をなくすことにあったのである。では、このような意識を持っていた彼が、近代西洋各国の議院をどう理解したのかというと、欧米各国はみな議院を設け、ことを行なうに当っては、つねに衆人にはかって、その同

（3）　鄭観応（一八四二～一九二二）広東省出身。イギリス系企業の買弁から身を起こし、鉄道・水運・製鉄事業に出資する一方で、『盛世危言』等を著して実業振興と政治改革を唱えた。

意を得る。民が不便だとするものは、必ずしも行なわず、民が不可だとするものは、強行することができず、朝野上下、徳を同じくし心を同じくしている。つまり、議院での議論と同意を通して、朝野・上下を「同徳同心」にして、通じさせるのである。

さらに鄭観応の記す次の一節は、明末清初の黄宗羲に通じる部分がある。

けだし上下が交われば、すなわち〔『易』にいう〕泰〔時運の亨通すること〕であり、交わらなければ否〔抑塞すること〕である。天は、民を生じ、その君を立てるが、君はちょうど舟のようなものであり、民は水のようなものである。水は舟をのせることができるが、また舟をくつがえすこともできる。かの古より、盛衰治乱のかなめは、総じていえば、これにつきる。まして、今日、天下の大勢は、列国が通商して、それを拒絶しがたい勢いである。そうだとすると、公法によって規律せざるをえないが、公法を依拠するに足るものとするためには、必ず先ず議院を設立し、民情を上達させる。そうしてこそはじめて国威を拡張し、外侮をふせぐことができるのである。

〔以上、西順蔵編『原典中国近代思想史』岩波書店、一九七七年、第二冊「盛世危言」〔野村浩

一訳）「議院篇」七四・七七〜七八頁）

これはまさに、「通」の思想そのものである。このように、鄭観応の思想には黄宗羲の議論と重なる点があり、近代西洋の議会に対する理解も、その意味では非常に伝統的であった。

以上のような西洋の近代的議会制度に対する伝統的な理解は、実は幕末・明治初期の日本にも見いだされる。たとえば、同じく儒教的教養を持つ明治の思想家である加藤弘之(4)が幕末に著した『隣草』は、危機に直面した隣国である中国がどうすべきかについて論じたものだが、日本自身のことを念頭に置いていたのは言うまでもない。そして、やはり儒教的教養を持つ加藤弘之の理解には、実は清末の知識人と同様な点が多かったのである。

若し公会の設けあるときは暗君と雖ども常に下説を聴き、下情に通ずるが故に、自然英

（4） 加藤弘之（一八三六〜一九一六）日本の政治学者。東京大学初代綜理や文部大丞・貴族院議員・帝国学士院初代院長等を歴任した。著書に『立憲政体略』谷山楼、一八六八年、『国家の統治権』実業之日本社、一九一三年等。

明に移ることもあり、又奸臣権を盗まんと欲すと雖ども、公会下民之を縦さざるが故に、決して其志を遂ること能わざるなり。故に公会を設けるは尭の敢諌鼓を作り、舜の誹謗木を立てるにも遥かに優れる者にして、実に治国の大本と云ふ可きなり

（加藤弘之『隣草』）

「公会」とは近代的な国会を意味するが、それはやはり「上・下」を「通」じさせるものというイメージでとらえられていたのである。さらに、彼は「上下の私情を和合する」とか、「人和のための公会」などと、「通」によって「人和」を達成することを理想としていた。そもそも中国には「政通人和」という言葉があり、そのような理想的な政治状態に対する追求は古くからの政治伝統だったのではないか。

（三）国会論の理論づけ

ウェスタン＝インパクト（西洋の衝撃）が深まるなかで、海外で留学や亡命を経験した知識人、たとえば厳復や梁啓超によって、国会論の理論化が行なわれていく。

厳復[5]は『政治講義』という著作の中で国会について、「治者」と「被治者」との間の「扶持」の機関と位置づけている。この『政治講義』は、イギリスの歴史学者であるジョン＝ロ

バート＝シーリー(6)の『政治学講義』の、ほとんど翻訳と言ってよいものである。この「扶持」の機関というのはシーリーの著作の中で、“government-supporting body”あるいは“government-making organ”と書かれている。

厳復によれば、イギリスにおいては立法も基本的に行政府が行なうもので、議員はあくまでも提出された法案を議論し、決定するのである。つまり、国会の役割は立法にあるというよりも、むしろ“veto”（拒否権）にあり、政策・政令の発起や政治的運営は政府に任せ、国会は何よりもその監督の役割を果たす、ということである。『政治講義』の中で厳復は、「人民の自由」よりも人民のために働く「責任のある政府」を求めている。むろん、彼は人民の自由を否定しているわけではなく、むしろ当時の中国においては最も人民の自由、そして個人の自由を認識していた一人であった。しかし、危急存亡という当時の政治的状況の中で、

（5） 厳復（一八五四〜一九二一）福建省出身。船政学堂卒業後、イギリスに留学してグリニッチ海軍大学に学び、帰国後は海軍教育に携わる一方、ハクスレー・アダム＝スミス・スペンサー等の思想を翻訳・紹介する。民国期には袁世凱の帝制を支持した。

（6） ジョン＝ロバート＝シーリー（John Robert Seeley, 一八三四〜一八九五）イギリスの歴史学者。著書に『英国発展史論』（古田保訳）第一書房、一九四二年等。

厳復は「責任のある政府」の必要性をより強調していた。
以上のような厳復の主張は、さらに楊度によってクローズアップされる。(7) 楊度は代表作である「金鉄主義説」の中で、清末に初めて「国会速開」論を打ち出したが、彼の国会論はやはり厳復とのつながりを強く感じさせるもので、直接に厳復の名を挙げているわけではないが、基本的に『政治講義』を下敷きにしているように思われる。

楊度にとって、「上」から憲法を授けられるよりも、「下」から国会開設を要求することが重要であった。彼は立憲のレベルを幾つかに分けている。イギリスは下からの要求で立憲制を達成したから、そのレベルは一番高い。それに次ぐのはドイツであり、政府と人民が共同で憲法を作った。立憲のレベルが一番低かったのは日本であり、憲法制定は政府主導によるものだった。つまり、憲法を制定することよりも、まず国会開設を「下」から要求することが一番重要であると、楊度は考えたのである。

楊度の考えは、さらに梁啓超に影響を与えた。(8) この時期に立憲派の梁啓超は、ちょうど革命派の『民報』との間で、「開明専制」をめぐる論争を行なっていた。ところが一九〇七年、楊度の「金鉄主義説」が発表されたあと、梁啓超も「転向」して、「国会速開」論を唱えるようになった。楊度は、人民の程度が不十分であることを強調して、梁啓超が行なったように「新民」(新たな人民)の創出を唱えるよりも、政治的責任を放棄している「放任専制」的清朝政府を、責任のある政府に変えることがより重要であると、梁啓超に勧めたのである。

三　「民度」の問題

（一）国会速開論とのジレンマ

梁啓超が「新民」を創り出すべきことを主張する一方で、「開明専制」の必要性を提起したのは、実は「民度」の低さを意識していたからである。国会速開論は清朝末期にさかんに唱えられたが、その中には一つのジレンマが含まれていた。すなわち、「民度」を高めるのが先か、それとも議会制度を創設するのが先かという議論がそれであった。

（7）　楊度（一八七五～一九三一）湖南省出身。日本に留学して東京速成師範学校に学び、やがて立憲運動に参加する。民国初期には袁世凱の帝制を支持したが、一九二八年には中国共産党に入党した。

（8）　梁啓超（一八七三～一九二九）広東省出身。改良派儒学者の康有為に師事し、変法運動や立憲運動の中心人物となる。民国初期には北京政府の閣僚を務め、また護国運動を策動した。著書に『清代学術概論　中国のルネッサンス』（小野和子訳）平凡社、一九八七年等。

民度を高めなければ、議会制度ができてもまともに運営できないが、逆に議会制度を創設して、その下で人民の政治能力を鍛えなければ、「民度」はいつまでも高まらない、というジレンマだった。さらに、たとえ議会を創設するにしても、地方議会が先か国会が先かという議論もあった。このような「民度」と国会との優先順位をめぐって、梁啓超・厳復・楊度の三人はいずれも独自の議論を展開している。

（二）「民度」と「国会」との間

先に述べた梁啓超の「転向」とは、人民の程度が低いことを指摘するよりも、政府の不作為を批判することに、議論の重点を移したものであった。これに対して厳復は、中国は「民度」が非常に低いので、国会よりも地方議会を先行させるべきだと考えていた。しかし、清朝の予備立憲が始まったために、たとえ「民度」に対して悲観的であっても、厳復はわずかながらでも国会開設に希望をかけたのである。『政治講義』は、そうした背景の下で著された。

実は、梁啓超の「開明専制」論は、この頃に法政速成科の留学生であった革命派の陳天華[9]がいち早く唱えていた、「開明専制」論からきたものだった。他方、同じ時期に孫文[10]の「約法」を中心とした革命理論が、汪兆銘[11]らによって展開された。「開明専制」論も「約法」論も、その源をさかのぼると、当時は法政大学速成科の教員を務めていた、憲法学者の筧克彦(12)の影響を受けたものであった。「開明専制論」も「約法論」も、ともに「民度」がまだ低いということを一つの前提にしていた。結局、革命派にせよ改良派にせよ、「民度」が不十分だという現状認識は共通していたのである。

(三) 辛亥革命後の梁啓超の「開明専制」論

梁啓超は清朝末期の国会速開論の中で、しばらく「民度」論を取り上げなかったのだが、辛亥革命後に袁世凱擁立論が出ると彼も袁世凱を支持し、この時にもう一度「民度」を論じ

(9) 陳天華(一八七五〜一九〇五)湖南省出身。日本に入学して弘文学院に学ぶとともに、革命運動に参加して『猛回頭』『警世鐘』を著したが、日本当局の留学生取締とそれをめぐる新聞報道を非難して入水自殺した。

(10) 孫文(一八六六〜一九二五)広東省出身。ホノルル・香港で西洋式教育を受けた後、一八九四年(一八九三年説もある)に興中会を組織して革命運動を開始する。一九〇五年に中国同盟会を結成して、「軍法→約法→憲法」という三段階の革命を唱えた。辛亥革命が勃発すると中華民国臨時大総統に選ばれたが、間もなく袁世凱に譲位し、第二革命を試みるも失敗に終わる。一九一四年、中華革命党を組織して政権奪取を図るが成功せず、これを一九一九年には中国国民党と改称し、広東省に政権を建てて北京政府に対抗した。著書に『三民主義』(安藤彦太郎訳)岩波書店、一九七六年等。

始める。「民度」がまだ幼稚であるということを理由に、「開明専制」は必要であると言って、袁世凱を支持したのだ。

ただし、この場合それまでの梁啓超の「開明専制」論と決定的に違うのは、やはり清末の国会開設請願運動を経て、梁啓超は国会の存在を非常に重視するようになった点である。だからこそ、民国初期の袁世凱による国会解散に彼は強く反対した。袁世凱を支持しながらも、国会解散には強く反対したのである。たとえ革命派が支配する国会に対して強い不信感を持っていたにせよ、梁啓超は国会解散には強く反対した。国会によって担保された「開明専制」というのが、この時の梁啓超の構想であった。そして、その構想の中に、君権を制限し「通」と「和」を創出するという、黄宗羲の「学校」論に一脈通じるものがあった。われわれはこのような伝承のなかに、中国政治の一つの原型を見ることができるのではないだろうか。

最後に、国会における伝統と「近代」について、三つの点を指摘しよう。

第一は、清朝末期に近代西洋型の法制度の重要性を痛感させられたことが、ウェスタン＝インパクトによってもたらされた、最も重要なものだったという点である。しかし他方では、制度の形式は西洋のものを採っているのだが、制度を支える論理は、むしろ内発的であったという側面を見落としてはならないのではないか。これは、「民本思想の制度化」であると言うことができる。従来の民本思想は、「天の視るは我が民の視るに自う」という思想や理念として存在していたのだが、それを実現するにはやはり国会という制度を借りて、制度化しなければならないということが意識されたのである。

第二は、近代の立憲制をめぐる議論の中で、憲法よりも国会の方が重視されていたという点である。憲法の最高性あるいは超越性は、現在の中国を見てもわかるように、あまり強く意識されていないようだ。儒教思想においては、荀子が「治人ありて、治法なし」と説いたように、治めるのは人であって法ではないという発想が、根底にあるのである。法よりも人間を信頼するのが、言わば中国の政治文化なのではないか。法や制度の重要性は強く意識されているのだが、それはあくまでも手段であって、それ自体が目的ではない。中国の前近代

(11) 汪兆銘（一八八三～一九四四）広東省出身。日本に留学し法政大学に学ぶ一方、孫文の側近として革命運動に参加する。やがて中国国民党の主要人物となり、孫文の死後は蔣介石と主導権を争ったが、日中戦争中は対日協力政権を建てた。

(12) 筧克彦（一八七二～一九六一）日本の法学者。東京帝国大学教授等を務めるとともに、独自の神道思想を唱えた。著書に『国家之研究』清水書店、一九一二年等。

においては憲法という意識がなく、法といえば刑法という形でしか存在せず、それはあくまでも統治のための手段であったというのが、もう一つの特徴ではないか。

第三は、「通」と「和」に代表される、中国の伝統的な政治文化である。近代西洋の性悪説、すなわち「権力は悪である」という認識に基づく、三権分立の制度などに見られる牽制・均衡の思想とは異なり、「人和」や「上下一心」、「上・下」が相通ずることが重視されているのが、もう一つの大きな特徴である。したがって、現在の政府が「人を以て本と為す」、そして「和諧」を唱えているのも、ただ単に一つのプロパガンダとして見ることはできないのではあるまいか。

第二章　権力の均衡と角逐

――民国前期における体制の模索

金子　肇

辛亥革命は、清朝からの独立を宣言した華中・華南各省が連合して中華民国を構成し、これに清朝北洋軍を率いる袁世凱が合流することにより、清朝から統治権を奪取するという経緯をたどった。ただし、その際に各省代表により組織されていた臨時参議院が、「臨時約法」を制定して臨時大総統の袁世凱に遵守を求めたことは、中華民国中央政府に当初から内在する、立法権と行政（執行）権との対抗関係を示すものであった。

やがて、選挙により成立した国会と袁世凱との対立は、一九一三年に武力衝突にまで発展し（第二革命）、これを鎮圧した袁世凱は国会に自身を正式大総統に選出させた後、国会を解散し「臨時約法」も廃止して、独裁権力を確立する。だが、一九一五年に袁世凱が皇帝即位を試みると（洪憲帝制）、これに反対する華中・華南各省が独立を宣言し（護国運動）、袁世凱腹心の北洋軍人も反対したため、帝制は挫折し袁世凱は憤死した。

国会と「臨時約法」は回復されたものの、北洋各派が中央政府の主導権を争う一方、華中・華南各省は、時に独自の中央政府を組織し（護法運動）、時に省憲法制定と連邦制採用を唱え（連省自治）、国会・約法は政争の具と化してしまう。

このような「軍閥割拠」状況下で、中央と地方あるいは行政府と立法府が矛盾・対立し、法治・民主の確立が難航した経緯から、中国政治体制史のどのような特質を読み取れるだろうか。（編者）

一　近代中国にとっての「政治体制」

（一）政治体制とは

政治体制を考える際、これを「統治形態」と「国内政治秩序」の総体として考えるべきであろう。ここで「統治形態」というのは、国家意思を形成・決定・遂行していく、そのプロセスに関わる中央権力の制度的構成を示している。その分析の核心は三権分立の如何にあり、とりわけ立法権と執行権の関係如何が問題となってくる。

立法権は国家意思の形成に関わり、法を定立していく。一方、執行権は立法権が定立した法に基づいて政策を具体化し、日々国家意思を執行していく。それに対して司法権は、国家意思の形成・決定・執行の過程を、いわば高みから見下ろして監視するもので、その意味では司法権は三権のうちの最高の位置に立っている。しかし、立法権・執行権が日々具体的な立法と政策遂行に携わるという意味で、積極的・能動的に国家意思の実現に関わるものであるのに対して、司法権はその過程で違法性・脱法性があった時に初めて作動するものであり、受動的・消極的な存在だと言えるだろう。立法権と執行権の関係が統治形態を見る場合に最も重要だというのは、以上の意味においてである（滝村隆一『国家論大綱』第一巻上、勁草書房、二〇〇三年、五九五頁）。

この立法権と執行権との関係こそが、統治形態が専制的であるか民主的であるかという問題にもつながってくる。なお、ここで言う「専制」とは、執行権が立法権をも吸収し肥大化した場合だけでなく、議会の方が強大な権力を握り統治権中枢に躍り出てくる場合、つまり「立法権の専制」も含むものである。

さて、以上の「統治形態」に対して、「国内政治秩序」というのは、法的・制度的に国内をどのように組織化するのかという問題、言い換えれば中央から地方に至る社会を、行政的にどう編成するのかという問題である。それは、中央と地方との関係につながるので、「中央—地方関係」と言い換えることもできる。

（二）　近代中国の特徴

近代中国では通常の近代国家と異なって、「軍閥割拠」という言葉で表わされるように、地方的権力（とりわけ省政府）の自立性が強く、国家の存立に関わる統治権（外交・軍事・財政等の諸権）が中央に集中されず、地方に分散・拡散していた。そのため、外交も含めた内外の国家意思の形成・決定・遂行がどのように行なわれるのかを考える場合、中央権力の制度的構成としての統治形態だけではなく、国内の政治秩序がどのように編成されているのかという点が、非常に大きな問題となってくる。そのため、民国期においては一貫して、地方制度が憲法論議の焦点になっていた。

近代中国において、中央と地方との関係が国家の統合にとって重要な問題となるのは、このような歴史的・構造的な背景があるからにほかならない。

二 立憲主義的拘束と民国前期の政治過程

(一) 「天命」的統治観念から「民意」に基づく統治観念へ

清朝末期から中国も立憲制を採用するようになったことにより、王朝的な「天命」に基づく統治観念から、「民意」に基づく統治観念への移行が生じた。これにともない、民国期のすべての政治権力(中央から地方に至る各級政府や「軍閥」)は「立憲主義的な拘束」(野村浩一『蔣介石と毛沢東』岩波書店、一九九七年、六六頁)、つまり「民意」の代表でなければならないという観念によって拘束を受けるようになった。その「民意」を表出し担保するものが議会(国会・地方各級議会)であった。議会は法・制度を定立し、「軍閥」も含めた政治権力は、

「民意」の表出である法・制度によって支配を正当化することができるという限りで、「法治」が存在することになった。

以上のように、「立憲主義的拘束」の下で、「民意」を担保する最高の存在は立法権を行使する国会であり、正当な政治体制の根拠は国会に収斂する。一九二〇年代前半に至るまで、臨時約法に根拠を置く制度的な秩序は、中華民国の正当な政治体制を保証する「法統」として観念され、国会の存在は「法統」を体現する制度的なシンボルとして重視された。それゆえに、この時期を通じて何度も国会は解散されたが、何度も復活するという過程、つまり国会の度重なる回復が見られたのである。

（二）　民国前期の政治過程

以上の点を、民国前期の政治過程に即して、まず簡単に概観してみよう。拙著（『近代中国の中央と地方　民国前期の国家統合と行財政』汲古書院、二〇〇八年）で明らかにしたように、中華民国成立当初の統治形態は、「臨時約法」の下で〈大統領―議院内閣制〉を採用していたが、その実態は臨時参議院による「議会専制」であった。その後、独裁化した袁世凱[1]は一九一三年に誕生した正式国会（旧国会）を否定して皇帝にまでなろうとしたが、その彼も国民投票による「民意」の推戴という演出にこだわった。また、袁の独裁体制を規定した「新約法」の下でも、国会として立法院が用意されていたことを忘れてはならない。

袁世凱に解体された旧国会が一九一六年に回復し、それが翌年にまた解散されると、段祺瑞(2)の政権下で一九一八年に「安福国会」と呼ばれる新国会が開設された。しかし、新国会もまた解散されて、一九二二年には旧国会が再び復活する。しかし、「連省自治」構想が唱えられるようになる中で、一九二五年に段祺瑞の臨時執政政府が「法統」を否定したため、そのシンボルであった国会もその後再び復活することはなかった。

以下では、以上に概観した政治過程を、冒頭で述べた「政治体制」の枠組みに即して、今少し詳しく追跡してみることにしたい。

（1）袁世凱（一八五九〜一九一六）河南省出身。清朝末期に近代的軍隊である新軍の編制を担い、西太后による変法運動弾圧に協力したことから頭角を現し、一九〇一年には直隷総督兼北洋大臣に就任した。辛亥革命が勃発すると清朝の内閣総理大臣に任じられたが、革命側と交渉し皇帝を退位させることと引き換えに、中華民国の臨時大総統に選ばれる。第二革命で革命派を排除すると、一九一五年に皇帝即位を試みたが、これに反対する護国運動が勃発したため、帝制を取り消した。

（2）段祺瑞（一八六五〜一九三六）安徽省出身。袁世凱腹心の軍人として台頭し、辛亥革命後は陸軍総長等を務め、袁の死後は安徽派を率いて、直隷派・奉天派と北京政府の主導権を争った。

三　民国前期における「政治体制」の推移

（一）「臨時約法」下の議会専制

すでに指摘したように、辛亥革命の結果成立した「臨時約法」下の体制は、紛れもない「議会専制」であった。その一つの理由は、臨時大総統に就任した袁世凱の権力を抑えつけるため、政府に議会の解散権を与えていなかった点である。第二は、「臨時約法」があらゆる法律の議決権を臨時参議院に与えている点で、あらゆる法律というのがどこまで適用されるのか不明瞭だが、一般的な法律よりも下の、日本でいう政令・省令レベルまで臨時参議院が議決権を持つのだとすれば、袁世凱政府の政策遂行は文字通り同院の思惑によってがんじがらめにされてしまう。

しかし、このように議会が政府を抑えつけて、いわば下僕のように扱おうとするためには、少なくとも議会の意思が一つにまとまっていなければならない。ところが、臨時参議院の内部では当初は小政党が乱立し、後には国民党と共和党の対立が熾烈であったから、それはとうてい無理であった。ここに、中央統治権力の頂点たりえない臨時参議院の性格が浮き彫りとなっていた。「臨時約法」下の統治形態は、立法権と執行権との間で国家権力としての組織的な統一性を欠いていたため、不安定で非効率な政局運営を不断に生み出す要因を内包していたのである。

それを地方との関係から見ると、当時成立したての中華民国は各省軍政府のルーズな連合体にすぎなかったから、こうした中央政府の不安定と非効率は、ただちに中央―地方関係の不安定へと連動してしまう可能性が強かった。つまり、「臨時約法」が定めた「議会専制」は、袁世凱の権力を抑制するだけでなく、中華民国の国家としての存立自体までも危うくする可能性を孕んでいた。

（二）袁世凱の「大総統親裁」体制

このような「臨時約法」下の「議会専制」に対する反動として出現したのが、袁世凱の「大総統親裁」であった。「新約法」が規定したこの統治形態は、あらゆる国家意思の最終的決定権を大総統に集中させていた。それはつまり、立法・行政・司法の三権が袁世凱個人に集中しているということにほかならなかった。

従来、「新約法」が規定する統治形態は、「総統制」（大統領制）と見なされることが多かったが、そもそも三権分立に基づかない大統領制など存在しない。私が「新約法」下の統治形態を、あえて「大総統親裁」と呼ぶ理由はそこにある。この統治形態の下では、国家意思の形成・決定・執行に関わる政府の中枢機構が、相互に併存・分立しながら大総統に直属し、三権を集中した袁世凱の輔弼・協賛機関として彼の「親裁」を支えていた。

しかし、その「大総統親裁」の下で、袁世凱は各省政府に妥協的な地方制度改革を実施しなければならなかった。それは個々の地方長官たちの中央＝袁世凱に対する忠誠を勝ち得るため、その代償として省政府の権限を強化してやる必要があったからである。

したがって、袁世凱が築いた政治体制は、中央において強度に集中された権力を制度化したのだが、その中央権力を地方に浸透させていくという点では極めて不十分であった。そのため、彼の体制は表面的には強く見えながらも実際には脆く、「洪憲帝制」の目論見によって各省政府が離反すると、一気に崩壊せざるをえなかった。

(三)「臨時約法」復活下の議院内閣制

袁世凱の死後に「臨時約法」が復活し、すでに述べたように国会の回復にともなって議院内閣制が再び出現した。特に、段祺瑞政権の下で一九一八年に成立した新国会＝「安福国会」は、安徽派が北京政府を掌握している中で約四年間継続しており、近代中国において最も長命な国会であったと言えるだろう。「安福国会」が、「立憲主義的拘束」の下で安徽派の支配を正当化する道具であったとしても、北京政府による国家意思の形成・決定・遂行過程において、議院内閣制の枠組みが具体的にどのような役割を果たしていたのか、という点を分析してみる価値は十分にあると思われる。

ただし、段祺瑞政権の下で北京政府の統治権が全国に及んでいなかったように、「安福国会」が国民の「民意」を代表する国会として、全国に広く認知されていたわけではないことも確かである。それゆえに、国民の「民意」を代表できない中央の国会に対抗する形で、地方から「民意」の形成と表出の制度化が、「連省自治」という構想を通して主張されるようになってくるのではないだろうか。そこでは、当然のことながら省議会をはじめとする地方議会の存在が、省憲法の起草・制定などを通じて「民意」を表出し担保する存在として、クローズアップされてくることになった。

そして一九二〇年代に入ると、この「連省自治」構想が全国的な影響力を持つようになるにつれて、臨時約法に根拠を置く「法統」の政治的効力が形骸化し、次第に価値を失っていくことになるのである。

(四)　段祺瑞の臨時執政政府

一九二四年の第二次奉直戦争後に成立した段祺瑞の臨時執政政府は、それまで民国政治の理念的枠組みを提供してきた「法統」を否定して「省自治」を容認し、新たな政治体制の再編を画策しようとした。

全国を統合する政治的実力を喪失した北京政府にとって、国会をシンボルとする「法統」は、もはや国家的な求心力を担保するものとは言えなくなっていた。そこで、各省政府＝「軍閥」の割拠権力を「省自治」として制度的に追認し、それらを束ねる形で北京政府を統一的な中央政府として再生させようとしたのである。

そのため、段祺瑞執政政府の下では国会の復活が見送られ、それに換えて各省政府や省議会、そして商会・教育会等の各省法団の代表を組み込んだ中央権力の新たな編成が構想されていた。しかしながら、この構想は現実に機能しないまま北京政府は終焉を迎える。

以上の議論を踏まえ、今後に残された課題として浮かび上がってくるのは「制度運用」の問題である。おそらく、この点が政治体制分析の一つのポイントとなってくるだろう。日本の明治憲法体制は、かつて天皇制絶対主義＝似非立憲主義であったと言われた。だが、最近の日本史研究では、制度運用の如何によって議院内閣制や天皇の立憲君主的な性格が前面に現れてくるところに注目が集まっているように思える。

近代中国の場合、統治形態の面でも国内政治秩序の面でも安定した政治体制が持続しなかったため、制度運用の実態分析に限界があることは否めない。たとえば、本章で指摘した「大総統親裁」にしても極めて短期間で終わったため、袁世凱以外の人物が大総統となった場合、制度がどのように機能し運用されたのかという問題は、興味深いものではあるが明らかにすることができない。

制度運用の問題について検討の余地が残されているのは、むしろ袁世凱死後の時代であろう。彼の死後、北京政府において「府院の争い」（大総統府と国務院との対立）が起こったが、大総統府と国務院とは具体的にどのような制度的枠組みの下で、どのように政治的な役割を分担し機能していたのだろうか。あるいは、その制度的枠組みの中で議院内閣制はどのように運用されていたのだろうか（これは、先に触れた「安福国会」の時期にも妥当する）。以上の点は、これまでほとんど無視されてきた問題だが、史料的に見て実証的な分析を加えることは十分に可能であり、民国前期における制度運用の実態に迫っていく格好の糸口となるはずである。

制度運用の分析は、政治体制分析の機微とも言いうる問題であり、制度を運用する政治家・官僚の政治的個性までが絡んでくる。その次元にまで分析を掘り下げていった時、近代中国の政治体制研究は、さらに深みを増すのではないだろうか。

第三章　自由・統制・秩序
——国民党の大陸統治体制

中村元哉

辛亥革命が勃発した際、臨時大総統に選出されて南京臨時政府を組織した孫文は、まもなく袁世凱に譲位して下野した後、第二革命を発動して失敗し、護国運動や護法運動においても中心的役割を果たしえず、中華民国政界の周辺的存在たるにとどまっていた。

しかし、一九二〇年代半ばになると孫文は、独自の軍隊を擁して広東省に政府を組織する一方、ロシア共産党の組織原理を採用した中国国民党を率いて、北京の中央政府に対抗した。この際、三民主義・五権憲法といった従来の思想に加えて孫文が唱えた構想は、「軍政→訓政→憲政」という三段階の革命が完成するまでは、中国国民党が政府・軍を掌握し（「以党治国」）、人民を上から啓蒙・教化しつつ、段階的に政治参加を許すというものである。

孫文の死後、一九二六〜二八年の国民革命により中国国民党は全国をほぼ統一したが、後継者となった蔣介石は、孫文の構想を忠実に実行するよりも、党→政府→軍という指導関係を逆転させ、「党治」原則の形骸化をもたらす一方、日本の膨張・侵略が深まる中で国民の支持を得るために、世論の要求を受け入れて、なし崩し的に政治参加を認めていった。

このように、独自の軍事力と体制構想を持っていたはずの革命政党が、政治体制転換の過程を十分に統制しきれなかったことは、いったい何を意味するのだろうか。（編者）

一　先行研究の到達点

まず国民党の大陸統治体制が、先行研究でどのように理解されているのかを確認しておこう。

（一）　国民党の方向性と理念

この体制が目指した方向性や理念は、国民政府が成立した当初、あるいはそれ以前から、前衛的革命政党が中央と地方を統合し、「党国体制」を樹立するというものであった。その際、ソ連をモデルにした組織原理が導入され、それが実現したか否かは別として、党政関係の強化が構想されていた。

しかし他方で、孫文の三段階論により、訓政から憲政への移行が目指されており、「党国体制」、つまり訓政体制は、時限的なものとならざるをえなかった。一九三六年に「五五憲草」が作成され、それをもとに一九四七年に「中華民国憲法」が公布されたが、近年では歴史学・政治学・法学を問わず中国の研究者さえも、「五五憲草」と比較すれば「中華民国憲法」の内容はより民主的で、リベラルなものであったと評価するようになっている。

（二）「党国体制」＝訓政≠国民党独裁体制の実態

このように二つの方向性が交錯していた中で、最も重要になってくるのは、「党国体制」と形容されている体制、つまり当時の訓政体制が、いったいどのような実態を有していたのかということである。

これを一般的な政治学概念としての「権威主義体制」ないし「政党国家システム」と見なすのは、やや無理があるだろう。国民党の統治体制は強固な統治と呼びうるものではなく、党が政府や軍隊をコントロールできていたわけではないことが、今日では明らかになっているからである。

しかしながら、国民党を中心とする統治体制が存在していたことは事実であり、これをどのようにとらえればよいのかを考える必要がある。近年では、たとえば孫文や蔣介石を中心とする、「領袖独裁型」の体制としてとらえた方がよいのではないかという見解が提起されている。(1)

だが、仮にそうであったとしても、トップに立つ人物如何によって、その関係性は変わり、やはり体制は安定的なものではなかった。だからこそ、国民党は台湾に移った後の一九五〇年に、党の改造を断行して体制を強化せざるをえなかったのであり、それだけ大陸時代は脆弱な体制だったことになる。

（三）　具体的な現象

今日明らかになっていることは、第一に、国民党の組織自体が中央でも地方でもそれほど強くなかったということである。第二に、中央でも地方でも派閥が形成されており、一元的な統治ができていなかったということである。第三に、地方において「党―政関係」が事実上逆転していたことから、政府に主導権があったということである。第四に、「党―団矛盾」、つまり国民党と三民主義青年団との対立が発生し、国民党を脅かすような存在が国民党内部から出現してきたということである。第五に、こうした脆い体制を支えていくために蔣介石を頂点とする「領袖独裁型体制」が築かれ、蔣介石が「手令」を発出して各方面にわたって指示を出したものの、「手令」が乱発されたことにより、かえって組織と体制が疲弊していったということである。

そしてもう一つ忘れてはならないことは、議会あるいは民意機関の存在である。国民党統

（1）　蔣介石（一八八七～一九七五）浙江省出身。日本陸軍留学中に中国同盟会に加入すると、その後はほぼ一貫して孫文の革命運動に参加した。孫文の死後は軍隊を掌握して中国国民党政権内での地位を高め、一九三〇年代には最高指導者となったが、日中戦争後に中国共産党との内戦に敗れ、台湾に移った。著書に『中国の命運』（波多野乾一訳）日本評論社、一九四六年等。

治下の一九三〇〜四〇年代には、中央レベルでは国民大会（戦後に民選で構成される）、立法院（戦後に民選で構成される）、国民参政会（日中戦争期〜戦後）が存在し、地方レベルでは参議会（日中戦争期〜戦後）が成立したことによって、中央と地方の民意が吸い上げられ、それが政策決定過程に何らかの形で影響を与え始めていたことである。たとえば、財政・経済政策や土地政策については、この点がすでに明らかとなっている。また、「出版法」についても、民意を無視して改廃を論じることはできず、民意の動向を意識した議論が展開されていた。政策決定過程で民意が一定程度意識されていたことは注目に値しよう。

こうして国家―社会関係が変容していく中で、国民党自身が憲法制定に向けた法整備に着手し始めたのである。それが単なる政治的パフォーマンスであったか否かは措くとして、いずれにせよ法治が目指されていたわけである。

（四）「統制／自由」・「独裁／民主」・「ナショナリズム／自由」からの脱却

このように考えてみると、「統制か自由か」「独裁か民主か」「ナショナリズムか自由か」という二項対立的な基準をもとにして、国民党の統治体制の性格を論じることは、どうも限界があるということになる。

理念と実態に分けて考えてみると、体制の理念としては先ほど紹介したように、ソ連式モデルが導入され、組織部や宣伝部が設置されて委員会制が採用された。しかし他方では、一九三〇～四〇年代の中国は、アメリカやドイツの政治体制を観察しながら、それらを中国にどう組み入れるのかを盛んに議論していた。特に司法制度をどのように改革するのかは、アメリカを一つのモデルとしながら、激しく議論していた。

また、統治体制を論ずるに際して、学問としての政治学が重要な役割を果たすことになったが、この点でもアメリカの影響が一九三〇～四〇年代に強かったことが知られている。アメリカの政治学が、国民党内部においても、また学界を含む社会全般においても、一定の影響力を持っていたのである。

さらに、体制の実態に目を移すと、一般的には、「党治」を指向しそれを実現しようとする政権（国民党）と、それに抵抗しながら自由を模索・希求していた社会という対立構図が浮かび上がってくるが、こうした「政権＝統制 vs 社会＝自由」という対立構図がすべての事実を説明できるわけではなかった。その場合、「国情」が深く関わっていることがあったのである。

その一例として、「黄色新聞」（扇情的報道）の流行とその規制をめぐる国家―社会関係がある。一九二〇年代以降の中国では「黄色新聞」が流行し、特に一九三〇年代の日中戦争以前と日中戦争が終わった一九四五年以降に、「黄色新聞」は大流行した。そうなると、この種の新聞記事によって個人が中傷・誹謗されたり、あるいは道徳や倫理に反する記事や広告が出回ったりすることになるため、こうした「低俗な」社会現象を規制してほしいという声が、ほかならぬ社会内部から沸き上がってくることがあった。ところが、国民党政権の一部の人々は、今日のアメリカのように「自由を以て自由を制す」という論法によって、「黄色新聞」すらも統制しなくてよいのだ、と主張することがあった。

つまり、一部とはいえ政権内部から自由論が出され、逆に社会の側から、伝統中国の倫理観に基づきながら、規制を求める声が上がり、そういう社会からの要請に応える形で政権の側が統制を加えていく、という関係性も存在していたのである。このような国家と社会の「ねじれ」た関係を解きほぐして再構成していくことが、現段階における課題であろう。

二 党治と法治をめぐって

(一) 言論・出版の自由

ここで、体制の実態についてやや詳しく紹介しておこう。

確かに国民党は中央宣伝部を設置して、検閲機能の強化を試みた。統制には法的な検閲と法にのっとらない暴力的な検閲が混在していたが、ともかく、こうした体制の下で言論・出版界は弾圧されていた。

しかしながら、言論・出版界は弾圧されていたにもかかわらず、民意が何らかの形でメディアに噴出し、時には国民党に影響を与え、時には国民党を痛烈に批判した。たとえば、代表的な新聞である『大公報』の社論は、しばしば世論の動向を報じており、蔣介石は国民党機関紙の『中央日報』ではなく『大公報』に目を通すことで、世論の動向を把握しながら政策を決定していた、と言われている。また、『独立評論』や『観察』といった有名な雑誌では、今日では想像できないほどの直截的な政権批判が紙面に掲載されていた。

さらには、取り締まりの対象となっていたにもかかわらず、バラエティに富んだ学術や思想が社会に広がり、特に一九三四〜三六年は翻訳の黄金時代だったと形容されている。こうした翻訳活動に支えられながら、様々な「主義」が流行したのである。そこには社会主義や共産主義も含まれており、政権がそれらをいくら弾圧しても、次々に溢れ出していたのであった。

そうなってくると、これはやはり体制の弛緩に問題があるからではないか、ということになる。その象徴的な事例の一つとして、中央宣伝部の実質的な役割の変化と機能不全状態を指摘できよう。実際、中央宣伝部は、第二次世界大戦後に改編を余儀なくされた。特に抗戦期以降、党の機能が低下し、政府や軍の権限が強まっていく中で、検閲の機能も中央宣伝部から他の機関に移されていった。

こうして党の中央宣伝部は、その機能を弱めていくとともに、自身が管理しているはずの国民党機関紙『中央日報』さえも十分に管理できなくなっていった。たとえば、南京・重慶の『中央日報』は最も重要な党機関紙であったが、一九四二～四三年に不平等条約の改正が大きな争点となった際に、その情報が事前に『中央日報』に掲載されてしまい、蔣介石や陳果夫[2]・陳布雷[3]が激怒するという事態が発生した。また、『中央日報』の中核は重慶・南京版であったが、各地方版も多数発行されており、本来であれば重慶・南京の『中央日報』が、地方の『中央日報』をコントロールしなければならないのだが、それさえもできなくなり、『中央日報』社論は各地でバラバラな内容を掲載するようになった。

こうした状況下で、党の中央宣伝部は本当に必要なのかという議論が抗戦期から戦後にかけて沸き起こり、政府機関である内政部に中央宣伝部の権限を移すべきだとか、あるいは検閲体制自体に不備と限界があるため廃止すべきだといった議論が出てきた。このように、検閲機関を政府に置くのか党に置くのかという、この問題一つをとってみても相当に混乱しており、とてもシステマティックに言論・出版界を統制できるような状態ではなかった。それゆえに、たとえ発禁処分を下したとしても、処分された側が何らかの方策を講じて法制の不備をつき、再度出版していたのが実情であった。

そして、ここでも民意がしばしば大きなウェイトを占めることになった。たとえば、言論・出版界は、当然のことながら検閲の即時廃止を要求し、学生・知識人も同様の要求をおこなったが、このほかに一九三〇～四〇年代には、社会権がソ連・ドイツ・アメリカを含めて世界的に脚光を浴びていたことから、各種の社会団体、特に労働運動に携わっていた団体が言論や出版の自由を要求し、これに政権の側が一定程度譲歩せざるをえない場合があった。こうした実態も、言論・出版界を統制できていないという、つまりは社会における多様性を生み出す一因となっていた。

最後に政権の側からすると、本気であったかどうかは別にして、やはり「自由化」や「民主化」は対外イメージに直結するため、それを実現せざるをえないという現実があった。特に中国は、戦後の世界を展望していく中で、アメリカを中心とする国際政治にいかに追随し

(2) 陳果夫（一八九二～一九五一）浙江省出身。日本留学中に中国同盟会に加入し、やがて蒋介石の側近として中国国民党内での地位を高め、弟の陳立夫とともにCC系と呼ばれる派閥を率いた。
(3) 陳布雷（一八九〇～一九四八）浙江省出身。新聞社・出版社勤務を経て、一九二七年に中国国民党に入党すると、蒋介石の事実上の個人秘書として重要文書の起草を担った。

ていくのか、アジアの中の大国として、そして世界の五大国の一員として、国際政治でどのように振る舞っていくのかということを考えざるをえなかった。そのため、対外イメージを向上させるという意味からも、自由化を容認する方向で調整することになったのである。

ただし、その際にも、先ほど述べたような国家と社会の「ねじれ」現象が発生し、政権の側が自由化へと向かう中で、逆に社会の側に規制強化を求める動きがあったことも、忘れてはならないだろう。

(二) 軍隊と憲法——張知本

一九三〇年代に「五五憲草」が作成され、一九四七年に中華民国憲法が公布されたが、この間の憲法制定活動で主導的な役割を果たしたのが孫科[4]・呉経熊[5]・張知本[6]であった。

張知本は三民主義を順守するとともに、三権分立を否定して五権構想に固執した憲法学者であった。そして、第一次世界大戦以降の世界で、いわゆる古典的自由主義から新自由主義へと政治思潮が変わっていく中で、この新しいリベラリズム思想を中国に受容し、特に社会権を充実させなければならないと説いた。

このように彼は、当初、ドイツ(ヒトラー政権が誕生する以前のワイマール憲法下のドイツ)やソ連を称賛し、この両国をモデルにして社会権、とりわけ労働者の権利を拡充していくべきだとした。しかし、第二次世界大戦勃発後の中国を取り巻く国際環境や中国と世界との関係が変化するにつれて、彼が好感を抱いていたはずのソ連やドイツに対する楽観的な認識は徐々に後景に退き、アメリカへの肯定的言及がしばしば見られるようになった。なお、注意すべきは、彼がソ連に一時的に高い評価を与えながらも、国内の政治勢力としての共産党に対しては敵意をむき出しにしていたことである。

しかし、彼が興味深いのは三民主義と五権構想に固執し、反共の姿勢を明確に打ち出していたにもかかわらず、実は法治の論理を政権内部から強く打ち出していたことである。特に、法治を実現するカギが司法制度にあることをしばしば口にしていた点は、あまり知られ

(4)　孫科（一八九一～一九七三）広東省出身。孫文の長男で、アメリカに留学してカリフォルニア大学・コロンビア大学に学ぶ。一九二一年に広州市長となり、孫文の死後は国民党政権の要職を歴任したが、蔣介石とはしばしば対立した。

(5)　呉経熊（一八九九～一九八六）浙江省出身。アメリカに留学してミシガン大学に学び、帰国後は東呉大学教授や立法院委員を務めた。

(6)　張知本（一八八一～一九七六）湖北省出身。日本に留学して法政大学に学んだ。一九一二年に参議院議員に当選し、一九二七年に湖北省政府主席、一九三三年に立法院委員、一九四八年には国民大会代表に就任している。

ていない。

また、彼は軍隊と政治の関係、つまり「政―軍関係」についても、注目すべき発言を行なっている。すなわち、中国では中央と地方が対立し、地方には軍事的権力を握る強い政治勢力が存在するため、これを解決しない限り中国の統合は不可能であり、法治を実現させることはできないとの強い危機意識の下、軍をいかに政治の世界から排除すべきかを切実に訴えた。すなわち、彼は、軍人は政治に関与してはならない、あるいは退役して三年未満の軍人は政治の役職に就けないなどの条文を憲法に盛り込むべきだ、と主張したのである。これは結果的に、「五五憲草」にも「中華民国憲法」にも反映されなかったが、そのような動きが国民党内部にも存在していたことを、われわれは知っておく必要がある。ちなみに、一九四八年に制定され一九九一年まで台湾で実施された「臨時条款」に対して、彼は強く反対していた。

これまで、「非欧米派」とイメージされてきた国民党の憲法学者が、三民主義に固執して五権憲法論を堅持した場合、それは立法権を軽視して強い行政権を支持することを意味し、結果的に独裁への道を切り開くことになると、考えられてきた。しかし、そのように考えられがちな国民党員が軍の政治への関与を否定したことは、いったい何を意味するのだろうか。一〇〇年の政治体制史を考えていく上で、重要な論点の一つとなるであろう。

ちなみに、自由や人権を憲法で直接保障すべきこと（直接保障主義）をいち早く主張し、最後まで強く主張し続けたのが、この張知本であった。「欧米派」として知られる孫科や呉経熊は、直接保障主義を支持せず、法律による留保をともなう間接保障主義を唱えた。張知本は、「欧米派」とイメージされる呉経熊以上に自由と権利を重視していたことになる。

三　今後の課題

（一）近代中国の政治をめぐる体制・思想・文化と一党独裁体制論

これまで近代中国の政治体制、あるいはそれを支える政治文化や政治思想は、一党独裁体制と親和的だと理解されてきた。確かにそういう側面もあるだろう。しかし、それとは違う体制を模索する動きや現実があった以上、そういう側面をも包摂できる、一〇〇年スパンの近現代中国の政治体制史を、今後は構築していく必要があるだろう。

これまで、中国の政治思想や政治文化は一党独裁体制と親和的だから、社会主義体制を導いたのだ、と考えられてきた。仮にこのような前提を見直すことになった場合、なぜ中国が社会主義体制になったのかということが、改めて重要な研究課題として浮上してくるだろう。そうして、近現代中国史をめぐる歴史学と政治学との対話が新たな段階へと進むことが理想的である。

（二） 立憲主義と民主主義の「相克」

それと同時に、立憲主義と民主主義の「相克」という視点を組み入れることにより、歴史学と政治学の対話をさらに促進していくことが期待される。

これまで、議会の権限を強くすれば民主主義が実現し、そうすることが立憲主義ないしは立憲政治を保障するのだと、やや安易に考えられてきた。特に歴史学の分野ではそうである。しかし、金子肇氏も述べている通り、議会の権限を強化すればするほど「議会専制」という事態に陥り、民主主義が暴走する。民主主義が暴走した結果、司法がないがしろにされて、法律が議会で恣意的に変えられてしまい、司法権がまったく機能しなくなる。それならば議会を抑制した方が、立憲主義を実現できるのではないかという考えが当然に浮上してくる。そのような主張を行なった代表的な人物こそが、張知本だったのである。だからこそ張知本は、五権憲法体制下で議会の権限を強めなくてもよいと考えたのであった。

しかし他方で、彼はこのような体制論の中で、司法をいかに党や政府、あるいは軍から独立させるのかについても検証を重ねた。こうした国民党員の政治思想を客観的に評価し直すためにも、立憲主義と民主主義の「相克」という視点を取り入れて、政治学や憲法学の理論を活用する必要があるだろう。そうして歴史研究者が新たな研究成果を発信し続ければ、政治学との対話も円滑に進むだろう。

第四章　一党支配体制の歴史的使命

――現代中国政治体制の変遷

唐　亮

一九四九年、内戦に勝利した中国共産党が建国した中華人民共和国の体制は、先行する中国国民党のそれよりも、はるかに完成度の高い一党支配体制であった。「軍閥割拠」状況を完全には克服できなかった国民党と異なり、人民解放軍は共産党の指導下に置かれ、その中央集権的統治を支えた。党の指導的地位は憲法に明記され、党は政府を統制下に置いた。最高機関として設けられた全国人民代表大会も、実質的には共産党の方針を追認する機関にすぎない。

しかし、このような共産党の一党支配体制の下で図られた、計画経済による生産力の向上は、あまり成果を上げることができず、また一九五七年の反右派闘争や一九六六年に始まる文化大革命によって、文化・思想は停滞・硬直化し社会秩序の崩壊すら生じた。

このような路線を指導した毛沢東の死後、実権を握った鄧小平は一九七八年から改革・開放政策を採用し、市場原理を導入して経済発展を成功させ、文化・思想面でも一定の自由化を認めたが、共産党の一党支配体制は断固として維持し、一九八九年の六・四天安門事件では民主化要求を武力で弾圧した。その後を継いだ江沢民、さらに胡錦濤の指導下で、中国は目覚ましい経済発展を遂げ、それを背景に国際的地位を大いに向上させたが、政治体制改革の歩みは緩慢である。

このような人民共和国の六〇年を振り返る時、一党支配体制はどのように評価されるべきなのだろうか。（編者）

一　中国政治体制の変革を考える三つの視点
――思想・運動・制度

（一）価値・理念――政治「思想」・「文化」論

中国には長い歴史と古い文明がある。しかし、近代に入って西洋文明のインパクトの前に、伝統文化に基づく政治体制は変わらざるをえないという危機意識を、多くの人々が持つようになった。そうした中で、どのような方向に変わっていくべきか、政治体制は何を理念・目標とするべきかが、一〇〇年前から今日まで一貫して続いている問いである。

価値・理念から中国政治体制一〇〇年の変遷を考察する際には、以下のような問題を解明しなければならない。中国の伝統的な価値・理念はいかなるものであり、それは「民主」「自由」「人権」「立憲政治」「自治」や、「法による支配」といった欧米の基本的な価値・理念と、どう違うのか。欧米の基本的な価値・理念は、どのような勢力・階層によって受容されてきたのか。中国共産党は、そして毛沢東[1]の時代の中国は、なぜ社会主義を選択したのか。改革期における中国型「開発独裁体制」の価値・理念とは何か。欧米の価値・理念を受容する過程で、衝突・対立はどのように展開されたのか。融合はどこまで進んでいるか。融合が進んだ条件・環境とは、どのようなものであるか。

（二） 運動――政治過程論・中国革命論・民主化運動論

近代に入ってから、伝統的な中国の政治体制には問題があり、変革しなければならないと考えられるようになったが、新しい体制を模索する上で、多くの政治勢力がそれぞれの構想・目標を掲げて、政治主導権の争いを展開した。その意味で、政治理念と合わせて政治社会運動・革命運動の視点から、中国政治体制一〇〇年の変遷を考察する必要がある。

この一〇〇年の政治史を振り返ってみると、辛亥革命で清朝が倒れて中華民国が成立し、一九二八年以後は国民党政権の支配する時代に入り、さらに一九四九年に中華人民共和国が誕生するというように、政治主導権の争いを通じて新しい体制が生まれることにより、幾つかの段階に分かれている。そして勝った勢力が、自身の理念・構想に基づいて新しい制度を設計・運営し、近代的な国家の建設を目指したのである。

政治社会運動・革命運動の視点から問題を考える場合、おそらく以下のような課題を解明する必要がある。政治変革の担い手は、いかなる政治勢力であったか。権力主導の政治改革であったのか、それとも下からの運動であったのか。改革勢力と抵抗勢力との力関係は、いかなるものであったか。改革勢力は理念（目標）・組織（政治主導権）・方法論において、どこまで結束を保ったか、あるいは分裂したか。体制の変革は、どのようなアプローチ（手段・経路・段取り）で行なわれたか。変革の手段は暴力的だったか、それとも平和的であったか、漸進的であったか、急進的であったか。体制変革運動は、いかなる結果を迎えたか。どの勢力が政治の主導権を握ったのか。

(三) 基本制度設計と政治権力の支配能力——政治制度の研究

政治体制を論じる場合、それぞれの時期の制度的側面に、まずは注目すべきであろう。たとえば、立法・行政・司法の権力関係がどう配置されていたか、政党はどのような役割を果たしたか、軍隊をどう統合・統制していたか、あるいは司法制度をどうするかといった問題である。

(1) 毛沢東（一八九三〜一九七六）湖南省出身。北京大学図書館に勤務していた際にマルクス主義に触れ、一九二一年に中国共産党の創立とともに入党した。一九三〇年代半ばに党の主導権を握り、日中戦争後に国民党との内戦に勝利すると、最高指導者として中華人民共和国を建国した。著書に『実践論・矛盾論』（松村一人・竹内実訳）岩波書店、一九七八年等。

しかし、それと同時にこのような制度がどう運用されていたのか、「人治」であるかそれとも「法治」であるか。そもそも制度設計は合理的なものか、それとも欠陥が大きかったかも考慮に入れねばならない。それから、制度が合理的でも、制度を運営していく権力側、あるいは国民側の「能力」がどうであったのか、そういった視点を持ってもよいだろう。

二　現代中国の政治体制

（一）　社会主義体制をどう評価するか

中国共産党政権の六〇年間は、連続性を保ちながらも前半の三〇年と後半の三〇年、つまりは改革以前と改革以後という二つの段階に分けることができる。

まず中華人民共和国が成立すると、中国共産党がソ連をモデルとして社会主義体制を導入することになるのだが、それによって確立されたのは強力な中央集権体制で、権力は重層的に集中されていた。もう少し詳しく言うと、この重層的な権力の集中は四つの側面から見ることが可能である。

第一は、国家と社会の関係から、あるいは権力関係から見た場合、国家権力が社会を厳しく統制し、場合によっては制圧している。暴力装置を中国共産党がしっかり掌握していただけではなく、情報・思想・言論という点でも、国民党の時代と比べてみると統制が非常に厳しい。そして、毛沢東の時代の中央指令型の計画経済、あるいは公有制・国有制を中心とする経済体制によって、国家が経済資源をしっかりと掌握しており、単位社会を通して国民を厳しく統制していたのである。

第二の側面として、国家権力は中国共産党によって掌握されていた。中国共産党政権下の党政関係を考えると、中国共産党が権力の中核であって、人民代表大会も国務院も人民解放軍もみな共産党の意思に従わなければはならない。しかも、中国共産党が組織的な装置や人事権の掌握によって国家を統制するという体制は、今日でも揺らいでいない。

第三に、中央―地方関係の点では、中央集権的な体制であった。「中央に政策あれば、地方に対策あり」という言葉もあるが、この一五〇年間の中国の政治権力構造を見ると、中華人民共和国においては中央集権体制が確立されていたと言える。

最後に、重層的な集権体制というのは、次のような意味である。権力は中国共産党が握っているが、さらに党中央に権力が集中している。そして党中央の中でも少数の政治指導者に権力が集中しており、しかも最高指導者がその権力の中核的な地位を確保している。これが現代中国政治体制の、大きな特徴である。このような形で政治権力が重層的に集中して、強力な中央集権体制を作り上げたということが、アヘン戦争以降、政治の求心力・統制力が低下し弱体化した諸政権と比較して、非常に大きな特徴なのである。

強力な中央集権体制は、非常に強い変革能力を持っている政治体制でもある。どのような変革を行なうかという構想力と同じくらい重要なのは政策の実行能力で、たとえ構想力があっても実行力がなければ、構想を実現できない。このように高度な中央集権体制がよいかどうかという点には議論があるが、しかし一般論としては政治的求心力を持ち、政策の実行能力あるいは社会の統制力をしっかりと確保した結果、国家建設は一つの方向に進む場合、それなりに可能性が担保されるのではないか。

毛沢東時代においては、強力な中央集権体制が必ずしもよい成果をもたらさなかったが、鄧小平(2)の時代に入ってから、中国は体制の実行力をベースにして、近代化においてある程度の実績を上げることができた。それゆえ、一歩踏み込んで述べるならば、その強力な体制は社会主義時代の政治遺産であり、体制変革の能力が改革時代において活かされたのである。

(二) 毛沢東時代はなぜ、どこで挫折したか?

もちろん、前半の三〇年間、つまり毛沢東時代に政治も経済も大きく挫折したことは事実である。先に述べたような変革の能力を体制側が持っていたにもかかわらず、なぜ挫折してしまったのか。この問題を考える際には、政治体制と経済体制の組み合わせを考えねばならないし、政権担当の能力をも考えなければならない。

具体的には、政治体制に政策実行能力があったとはいえ、選択された経済体制あるいは経済政策は、公有制と計画経済を中心としたもので、これが国民の労働意欲を引き出すことに失敗した。さらに、毛沢東以下の中国共産党指導者、あるいは高級幹部や一般幹部が、経済建設あるいは国家建設を行なっていく上で、知識・能力・経験が十分でなかったためだろう。したがって、国内政治を統一して秩序の確立に成功したにもかかわらず、経済面では一定の実績があったとはいえ、期待されるほど実績を上げることができなかったのである。もちろん、権力が集中しすぎており、特に一人の人物にすべての点で頼っていた権力構造も、やはり問題である。

このように、毛沢東の時代は社会主義政治体制が変革を遂げ、政策を実行する能力はあっ

（2）　鄧小平（一九〇四〜一九九七）四川省出身。フランス留学中の一九二四年に中国共産党に入党し、中華人民共和国建国後は毛沢東との路線対立でしばしば失脚したが、毛の死後は最高実力者として改革・開放政策を指揮した。

たのだが、期待されたほどにはうまくいかなかった。そこから中国は、もう一度出発し直すことになる。

鄧小平の時代に入ると近代化路線を打ち出して、上述の高度な集権体制を基礎にしながらも経済体制を改革し、近代国家建設を目指していくことになった。最近三〇年間をそれ以前の三〇年間と比較すると、経済社会的な発展という面で大きな実績を上げているだけでなく、一党支配体制自体は連続性を保ちながらも、高度な中央集権体制が緩やかな変化をたどって、言わば全体主義的な政治体制から開発独裁型の権威主義体制へと変化してきたのである。

イデオロギー面では社会主義がすべてを正統化することはもはやできず、意識・価値観の多様化が生じた。また市場経済への移行によって、権力内部の分権化と社会の自立性の向上といった現象が観察される。そして、権力運営の面では世代交代により、建設にふさわしい人材が育成されつつある。権力運営・権力構造を見ると、最高指導者が依然として強い権威を持ってはいるが、以前に比べれば個人のカリスマ性は低下している。派閥政治が大きく変容し、権力運営・政策運営は一定の緊張関係を持ちながら、バランスを考えて行なわれている。経済政策と政治体制の組み合わせ、そして権力構造が緩やかな分権化に向かっているという意味で、中国は一党支配型の開発独裁体制に変容したのではないか。

こうした政治体制の変容と関連する問いの一つは、今の開発独裁体制において、「価値と理念」はどう理解されているのかという問題である。はたして欧米型の民主・自由・人権を暗黙の了解、あるいは普遍的な価値と考えているのか。自由主義的な経済体制と独裁的な政治体制との組み合わせが、最後まで続くのか。それとも、現行の開発独裁体制は体制変革の通過点にすぎないのか。このような問題の解釈によって、これからの中国政治の変容に関する見方が変わってくるのであろう。

三　中国型「開発独裁体制」と民主化の将来的な可能性

（一）　民主化と経済発展

政治体制の将来的な変化を視野に入れつつ、現行の一党支配体制を考察する際に、以下のような問題を考えなければならない。まず第一に、「民主政」と権威主義体制と、どちらが経済社会的な発展により有効なのかという点である。これは中国とインドの発展実績の比較や、東アジアの「奇跡」に対する評価にも関わる問題である。

もし権威主義体制の有効性を裏づける根拠やデータが認められたら、「事実」を論理的に説明せねばならない。その場合は、政治的統制が政治社会の安定や強いリーダーシップをもたらし、それが経済発展の前提条件となることを主張しうるだろうが、他方で経済制度や経済政策、政府のガバナンス能力なども、やはり経済発展の条件であることを考慮に入れる必要がある。

第二に、政治体制の変革（民主化・自由化）と、経済社会的な近代化との関係については、「民主化先行論」と「経済発展先行論」がある。後者は、民主化の成功は必ず経済社会的な近代化を必要とする、あるいは経済社会的な近代化が必ず民主化につながるといった主張を展開している。こうした問題を考える場合、「民主化」と民主政の「定着」「成熟」との違いに留意する必要がある。

（二）中国政治体制の今後

おそらく中国共産党も中国国民も、現体制がよいとは思っていない。ただ、現段階で中国共産党は、欧米型の政治体制と一線を画す形で、「中国式の民主主義体制」の建設を主張している。やや乱暴な言い方をするならば、その到達点はコーポラティズム的政治体制である。つまり、合意をなるべく調達しつつ決定を下すのが、中国共産党なのである。しかし、他方でやはり欧米型の政治体制を普遍的な価値観と考え、それを目指そうとする政治勢力もある。では中国は今後、どうなっていくのだろうか。

中国の将来を考える時、どのような形でどこまでたどりつくかという「経路」が、非常に重要になってくる。民主化は必ずしも経済発展を必要条件とはしない。他方、ソ連が体制崩壊の際に払ったコストなどを考えると、スムーズに体制転換ができるかどうかを考慮せねばならないことがわかる。また、体制転換以降に民主体制が定着するかどうかも大きな問題で、経済社会的な環境・条件が整わない限り、革命などの体制転換によって民主化が実現してもコストが大きく、大きなコストを払ったにもかかわらず、民主主義が必ずしもうまく定着しない、あるいは成熟しないという現象が、アフリカなど途上国の早熟な民主化の過程で起きている。

その意味で、現代中国の経済的近代化を目指す改革路線は、「民主化のインフラ整備」であると考えることができよう。この整備の段階で民主化の条件を整えられるかどうかということが、将来的な中国民主化のあり方に大きな影響を与えるのではないか。

最後に強調しておきたいのは、一九四九年以前の政治体制と比較して、強力な集権体制は大きな特徴である。すなわち、袁世凱にせよ蔣介石にせよ独裁的な権力を握ろうとしたが、政権内部は実はバラバラであったり、中央に対する地方の反乱が頻発したりしていた。これに対して共産党の六〇年間、特にこの三〇年間の政治体制は、権力主導の体制改革が行なわれてきた。つまり、下からの改革要求を一部吸収しながら、基本的には権力側の主導で体制改革を進めているのである。その体制は問題も多かったが、他方で実行力が担保されていることをも意味する。

二点目は、政治を取り巻く環境の問題である。どれほど制度やアイデアが良くても、環境が悪ければうまく機能しない。その点、この三〇年間は国際環境にしても、「民度」や社会構造にしても、あるいは物理的な環境にしても、改革のための環境が一九四九年以前とは変化しているのではないだろうか。

第五章　中国政治体制一〇〇年を巨視的に俯瞰する

高橋伸夫

第一章から第四章では、一〇〇年におよぶ中国近現代史において、新たな政治体制が模索される上で、何が課題となっていたのかを、時期ごとに検討してきた。すなわち、清朝末期の国会開設や憲法制定の意義、民国前期の立法権と行政権あるいは中央と地方の権力配分、民国後期の党治と法治の関係や自由と秩序の両立、人民共和国期の一党支配体制による近代化の効率といった論点である。

第五章では、この四つの時期を通観しうる視座を提起することが試みられる。それは、この一〇〇年の間に国家と社会との関係が、どのように展開してきたのかという観点である。序章で述べた通り、政治体制とは「国家の社会に対する支配の制度化された構造」であると定義するならば、このような視点が設定されるのは、きわめて当然のことであろう。

なお、国家とは統治の主体である広義の政府を意味し、社会とは統治の客体となる人民の総体であると、大づかみにとらえてさしつかえあるまい。政府の形態が多様であるのみならず、社会の構造も決して一様ではないが、それが政治体制を規定する一因となりうることは、従来あまり考慮されてこなかったようだ。

近現代中国の国家と社会は西洋・日本と比較して、どのような特質を持っているのか。一〇〇年の中国政治史の中で国家と社会の関係は、どのように変化してきた（あるいは変化してこなかった）のか。（編者）

そもそも政治体制とは、いったい何であろうか。私の理解するところでは、政治権力が人々の間で広範な服従を確保して、安定した支配―服従という関係が持続している時、それを形作る制度・組織・イデオロギー・文化などの総体を指す。つまり、この概念では、権力と社会とのさまざまな関係の束が問題とされている。アントニオ＝グラムシ[1]風に言うならば、強制装置としての政治社会と、ヘゲモニー装置としての市民社会という二者の間をつなぐ関係の束、ということなのである。そうだとすると、われわれは政治体制に関して、支配する側の、あるいは強制装置としての国家の側に焦点を当てて問題を立てることができるだろうし、また支配に同意する側の、社会のあり方に焦点を当てて問題を立てることもできるだろう。

（1）アントニオ＝グラムシ（Antonio Gramsci, 一八九一〜一九三七）イタリア共産党創設者の一人。著書に『現代の君主』（石堂清倫・前野良編訳）青木書店、一九六八年、『グラムシ獄中ノート』（獄中ノート翻訳委員会訳）大月書店、一九八一年等。

一　弱い国家

まずは、国家の側に注目してみようと思う。第三章において、中村元哉氏はたいへん重要な問題提起をされた。すなわち、中国は本当に権威主義体制に向いているのかどうかという問題である。実は、この設問が記してあるメダルの裏側に書いてあるのは、中国は民主主義体制に向かう十分なポテンシャルを持っているのかという設問である。私の暫定的な答えは、中国はおそらく権威主義体制にも向いていなければ、民主主義体制にも向いていないということだ。それは、一つには国家の弱さという点と関係があるだろう。以前に、ミンシン＝ペイ(2)という研究者は、国家の能力を測る指標は、次の三つだと言った。すなわち、社会から正統性を引き出す能力、公共財を提供する能力、そして社会の中で起こる紛争を解決する能力、である。彼はこの三つを簡潔に、legitimacy, performance, conflict resolution と言い換えている。しかし、私はそれにもう一つ、社会からの自律性という点を付け加えたいと思う。つまり、社会の中に存在するさまざまな私的利益に対して超然として、可能な限り中立的な立場を取るということである。以上の指標から見る限り、ここ一〇〇年間の中国における国家は、端的に言って、やはり弱かったと言えるのではないか。

中国の国家が強いか弱いかという問題に関連して、私はかつて孫文が言った、中国で革命をやるのは、個人を国家から解放するためではなくて、国家を個人から解放して自由にするためであり、そしてそれによって国家を強化するためである、という趣旨の発言をよく思い出す。非常に乱暴な言い方だが、イギリス革命を締めくくる最後の言葉が「自由」で、フランス革命を締めくくる言葉が「平等」であるならば、中国革命を締めくくる最後の言葉は、「強い国家」だと思う。

強力な国家は、革命の中でも——私が言っている革命というのは、孫文の革命も国民革命も社会主義革命も含むのだが——それから、革命が終わってからも、ずっと中国の政治的・社会的目標の第一に置かれ続けてきたように見える。国家の強化という切り札を出してくると、民主主義も、自由も、人権も、女性の解放も、すべてその前にひれ伏してしまう、そう

（2）ミンシン＝ペイ（Minxin Pei）アメリカの政治学者。著書に *From Reform to Revolution : The Demise of Communism in China and the Soviet Union*, Harvard University Press, 1994 ; *China's Trapped Transition : The Limits of Developmental Autocracy*, Harvard University Press, 2006 等。

した力を持った目標である。

しかし、中国における強い国家の建設は、どこまでいっても未完のプロジェクトであり続けた。おそらく、近年の国民党および国民政府史の研究は、この点を強調するような形で書かれていると思う。私は、慶應義塾大学大学院に提出された、岩谷将氏[3]の訓政時期の国民政府に関する博士論文を読んだばかりだが、そこには、たとえば、「党中央はたんに中央でしかなく、中枢ではなかった」とか、地方において党と政府は「お互いを認めず、思うにまかせて行動」し、「互いに干渉しあい紛糾」してしまったとかいう記述が散りばめられている。

一方、共産党はどうか。少なくとも私が調べた一九三〇年代までの共産党は、組織的に見ればかなりひどいものだ。このひどい組織的状態が、日中戦争期と戦後内戦期を経て少しずつ改められ、一九四九年の人民共和国の建国へと至るのだろう。人民共和国はたぶん国家の能力という点からすれば、国民政府を大きく上回っているし、清朝崩壊後、初めて現れた「統治できる」政府だったと言えるかもしれない

私はここで、昨年亡くなったサミュエル＝ハンチントン[4]がかつて一九六〇年代に述べた、政治発展と政治格差（political gap）という概念を思い起こす。経済発展ならぬ政治発展というのは、社会的流動化と政治参加の拡大に合わせて、政治的組織化と制度化が進むことを指す。もし、この政治発展がうまくいかないと、政府は社会を統治できなくなり、暴力と混

乱を社会にもたらすことになる。

ハンチントンは、現代世界においては、豊かな国と貧しい国との間の経済格差より、政府が統治できる国と統治できない国との間の政治格差の方が、実はより深刻な問題なのだと示唆した。そして、ハンチントンは共産党政権が成し遂げたことは、ともかくも有効な権威を社会に与えることで、統治できる政府を樹立したことだと書いている。この命題は中国においても当てはまるように思う。中国共産党の革命は、世界と中国の間にあった政治格差を一時的に埋めたのであり、ここに革命の一つの重要な意義があったのだ。

しかし、政治格差が埋められたのは一時的であった。私は昨晩、文化大革命に関して書かれた最も新しい研究書である、金野純氏[5]の本の書評をようやく書き終えたのだが、やはりそういう感を深くした。一九五〇年代にできあがっていく中国の権威主義体制は、六〇年代に入って自ら壊れてゆく。政治発展ではなくて政治的退行が生じてしまったのだ。

(3) 岩谷将　日本の政治学者。著書に『戦前期華北実態調査の目録と解題』東洋文庫、二〇〇九年。
(4) サミュエル＝ハンチントン（Samuel P. Huntington, 一九二七～二〇〇八）アメリカの政治学者。著書に『変革期社会の政治秩序』（内山秀夫訳）サイマル出版会、一九七二年、『文明の衝突』（鈴木主税訳）集英社、一九九八年等。

改革・開放の時代を迎えてから、たしかに先進国との経済格差は、問題はあるにせよ、着実に縮まりつつある。私は昨年、はじめて東南アジア諸国を回ってみたのだが、中国の大都市の発展ぶりは、たしかに東南アジア諸国の首都の発展をしのいでいるように見える。しかし、もしかすると政治格差の方は、この一〇〇年間でそれほど縮まらなかったのかもしれない。

近年よくささやかれる、中国の「ラテンアメリカ化」、あるいは「軟政権化」、あるいは「ガバナンス＝クライシス」というのは、中国の政治発展ではなく、政治的退行のことを言っているのだろう。経済発展においては、中国はいわゆる「後発性の利益」を享受したといえるだろう。しかし、政治発展においては「後発性の利益」は無かったようだ。その意味で、国家を強くするということは、依然として未完のプロジェクトなのだろうと思う。

先ほど述べたような意味で国家が弱い状態は、権威主義体制を維持するにしても、民主主義体制に移行するにしても、望ましい状態ではない。民主主義体制に移行する場合は、おそらく国家の力を弱めればよいのではない。逆説的だが、強い国家が必要なのだ。

二　弱い社会

次に、強制装置としての国家、すなわち政治社会から離れて、市民社会の方に目を向けてみたいと思う。一般に、中国の社会が具えている文化は、民主主義の障害物だと思われてきた。これまで中国人の文化的特性とされてきたのは、たとえば、権威に対する屈従、李暁東氏の話にも出てきたが、民衆には賢人の指導が必要であるという観念、迷信は簡単に信じるのに人間はなかなか信じない傾向、といったものだ。

アンドリュー＝ネイサン(6)は、本当に中国人がこのような特性を具えているのか、実証的に

(5)　金野純　日本の政治学者。著書に『中国社会と大衆動員　毛沢東時代の政治権力と民衆』御茶の水書房、二〇〇八年。
(6)　アンドリュー＝ネイサン（Andrew Nathan）アメリカの政治学者。著書に『中国の人権　その歴史と思想と現実と』（斎藤惠彦・興梠一郎訳）有信堂高文社、一九九〇年、『中国権力者たちの身上調書　秘密文書が暴いた処世術・人脈・将来』（山田耕介訳）阪急コミュニケーションズ、二〇〇四年等。

確かめたくなって、一九九〇年に中国で広範な社会調査を行なった。彼は、民主主義にとって根本的に重要だと思われる三つの心理的傾向について調べた。(一)市民は政府が彼らの生活にとって重要だと感じているか。(二)人々は彼らが政治を理解し、それに関与する力を持っていると信じているか。(三)市民はどの程度異なる政治的信条の持ち主に寛容でいられるか。結論から言えば、中国の人々の態度は、民主主義国の国民のそれとはかなり違っているということだった。一九九〇年の中国人の政治文化は、一九六〇年のメキシコ人とかなり似かよっていたのだ。もっとも、ネイサンは中国人が民主主義に向いていないことを示すものではないと主張しているが。

ならば、中国の人々の文化的特性は権威主義体制を支えるのに好都合なのだろうか。なるほど、孫文が嘆いたようにバラバラの砂のような人々は、独裁をやるにはうってつけかもしれない。いかなる独裁も、可能な限り国家から独立した中間団体を破壊して、人々の間から国家に対抗する集団が生まれないように仕向ける。社会から人々の結集軸を奪って、バラバラの状態にしておこうとするのは、権威主義体制のいわば本能に属する。だから、はじめから人々が、アレクシス゠ド゠トクヴィル(7)の言葉を借りれば、「提携する技術」を持ち合わせないで、バラバラでいてくれれば好都合だということになる。

しかし、これもトクヴィルが言っていることだが、世論の重要性がともかくも意識されるようになった時代において、選挙や新聞によって世論が表明されないとすれば、世論は大衆の暴力という形をとって噴出する可能性が大きくなる。おそらく、文化大革命の時の群集もそうだったのだと思う。だから、バラバラな大衆は権威主義体制を支えるかもしれないが、同時にそれを不安定にする可能性も秘めているのだと思う。

もう一つ、中国の人々はバラバラである——現在流行の表現では、「社会関係資本」に乏しい——としても、たんにバラバラなのではなくて、ある程度、国家とうまく付き合う、あるいは馴れ馴れしくする術を持っているということもある。日本人が書いた中国研究の最高傑作である——と私は思うのだが——村松祐次氏(8)の『中国経済の社会態制』(東洋経済新報社、一九四九年)という本があるが、そこに中国の人々にとって、政府とはどんな存在であったかということが、たいへん印象深い表現で書かれている。村松氏によれば、政府とは恐

(7) アレクシス＝ド＝トクヴィル（Alexis-Charles-Henri Clérel de Tocqueville, 一八〇五～一八五九）フランスの思想家。著書に『アメリカの民主政治』（井伊玄太郎訳）講談社、一九八七年、『フランス二月革命の日々トクヴィル回想録』（喜安朗訳）岩波書店、一九八八年等。

(8) 村松祐次（一九一一～一九七四）日本の歴史学者。著書に『義和団の研究』巌南堂書店、一九七六年、『近代江南の租桟　中国地主制度の研究』東京大学出版会、一九七〇年等。

ろしく、避けるべき私人の集団であるが、時に金を貸し付けて利益を得るチャンスだというのだ。すなわち、人々には国家を下から操作して、それを味方に付け、私的な利益を得ることも可能だと言っている。

私は、これはまさに現在生じていることだと思う。今、地方政府が腐敗の温床となっているのは、国家の一部と社会の一部が、いわば上下に手を結んで、垂直的で、局所的で、私的な結合が生まれているからだと思う。近年、中国で行なわれたフィールド＝ワークの結果も示していることだが、人々は、どうやら水平的な連帯よりも、国家との垂直的で個別的な結びつきを優先しがちなのだ。

別の表現を使えば、これは市民社会の未成熟ということだ。ここで市民社会というのは、よく知られているように、国家から独立した多くの社会集団の間で、社会的身分・階級・地域性を超えて、公的なものについて自由な意見の交換が行なわれる、開かれた空間である。この空間において、異なる身分、異なる階級、異なる地域が結びつけられ、そして人々の間に連帯感が生まれるというわけだ。この概念は、あまりにも漠然としているかもしれないが、歴史のさまざまな側面を結び合わせて整序するための柔軟な足場になる。

私は、ここ一〇〇年間の中国の政治体制を考える上で、今述べたような意味での市民社会の未成熟が、たいへん重要な意味を持つと考えている。中国において市民社会が育たないのは、文化によって運命づけられているなどと言うつもりはない。すでに何人もの研究者が指摘しているように、その萌芽と呼びうるものは、たしかに存在していたように思われる。しかし、マリー＝クレール＝ベルジェール[(9)]が示唆しているように、中国ブルジョアジーの黄金期とも言いうる一九二〇年代に、すなわちブルジョアジーが国家と緊張関係を持ちながら、国家からは自立した階級として立ち現れる可能性があった時代に、さまざまな理由によってブルジョアジーの発展が押しとどめられてしまったことが、歴史的に見て、中国にとっては大きな痛手であったと言えるかもしれない。

その後のブルジョアジーのたどった運命については、皆さんがご存知の通りだ。人民共和国の時代に入ると、ブルジョアジーは、度重なる政治運動の中で、階級としてはついえ去ってしまった。現在の企業家たちは、国家に対してどのような態度を取っているか。さまざまな研究の結果がすでに示されているが、市民社会を担う中核としてのブルジョアジーの台頭というイメージは、せいぜいのところ、まだ非常にぼんやりとしたものでしかない。むしろ、彼らは水平的連帯よりも垂直的結合作りにより強い関心を抱いているようだ。

（9）　マリー＝クレール＝ベルジェール（Marie-Claire Bergère）フランスの歴史学者。著書に *L'âge d'or de la bourgeoisie chinoise, 1911-1937*, Flammarion, 1986 ; *Histoire de Shanghaï*, Fayard, 2002 等。

ともあれ、私が言いたいことは、この一〇〇年間の中国の政治体制を大きく眺めてみると、たぶん一九五〇年代後半を例外として、どうやら弱い国家と、自立性に乏しい社会――これを弱い社会と言ってもよいかもしれない――そのような社会とがセットになって存在し、お互いがお互いに対して原因であると同時に、結果でもあるような関係を築いてきたのではないかということだ。

弱い国家は、断片化しやすく、社会の一部と手を組んで、国家の首尾一貫性を損なうと同時に、社会を切り刻んでしまう。一方、社会の方はと言えば、人々が上に手を伸ばすことによって、水辺的な連帯を犠牲にしつつ、国家を下から部分的に切り取ってしまう。おそらく、この状態は権威主義体制の維持にとって都合が悪いだけでなく、民主主義体制への移行をも難しくしてしまう。唐亮氏も含めて、現在誰も中国の政治体制の未来について明確な展望を描くことができないのは、この点に関係があるのかもしれない。

一九九〇年代の初めに、一部の中国の研究者たちが、今後の中国における国家―社会関係の戦略目標として、強い国家と強い社会との間の良性の相互作用の確立ということをうたったのは、適切な定式化だったように思う。このような組み合わせが実現した時、初めて世界と中国との間の政治格差は埋められることになるのだと思う。

討論

深町英夫　高橋さんは四人の方のご報告に対して、それぞれ個別に質問・意見を述べられるというよりも、近現代中国の政治体制を考える上で、非常に大きな一般的問題を提起されたと思います。そこで四人の報告者に、それぞれの視点からご回答いただきましょう。まずは李暁東さんから。

李暁東　高橋さんは「弱い国家と弱い社会」がワンセットになっていて、これからは「強い国家と強い社会」が求められており、それが「政治格差」を埋めることだと言われました。これには、私も共感する部分があります。ただ私は近年、現代中国の「社区」（コミュニティー）、特に居民委員会の実態調査を行なっていて感じるのですが、菱田雅晴氏[1]が言うように、「国家―社会」という二項対立軸だけではなく、国家と社会との「共棲関係」、あるいは毛里和子氏[2]の言葉を使うと「半国家＝半社会」、フィリップ＝ホアン氏[3]の言う「第三領域」というものが存在しています。つまり、国家と社会の間にさらに何かがあるというのが、中国における一つの特徴ではないでしょうか。この「第三領域」において、国家と社会というのは一種の「共棲」と対立の関係にあり、相互に跨ぎ合っていたりするのです。農村の状況はさらに複雑ですが、少なくとも都市部の社区においては、「社会」の自立の萌芽があるのではないかと考えています。

金子肇　私の報告は政治制度の観点からの話が中心だったので、社会という視点を組み込んで再構成していくとどうなるだろうかというのが、私にとっての課題だろうと思います。それから、高橋さんの議論の中で、今の中国の人々が国家との垂直的・個別的な結合を望んでいるのは、市民社会の未成熟を示すもので、民主体制への移行も困難だという話がありました。かつて私は、上海の資本家階級について研究したことがあるのですが、南京国民政府が成立した後、広東幇の馮少山(4)という人物が、上海総商会の指導的な立場に就いて目指したことは、議会的な組織を国民党の訓政の中に組み込んで、それによって国民党の訓政体制を民

（1）　菱田雅晴　日本の社会学者。著書に『社会　国家との共棲関係』（編著）東京大学出版会、二〇〇〇年、『経済発展と社会変動』（共著）名古屋大学出版会、二〇〇五年等。

（2）　毛里和子　日本の政治学者。著書に『周縁からの中国　民族問題と国家』東京大学出版会、一九九八年、『新版　現代中国政治』名古屋大学出版会、二〇〇四年等。

（3）　フィリップ＝ホアン（Philip C. C. Huang）アメリカの歴史学者。著書に *The Peasant Family and Rural Development in the Yangzi Delta, 1350–1988*, Stanford University Press, 1990 ; *Code, Custom, and Legal Practice in China : The Qing and the Republic Compared*, Stanford University Press , 2001 等。

（4）　馮少山（一八八四〜一九六七）広東省出身。実業家として民国期には中華全国商会聯合会主席や中国国民党上海市党務指導委員等を務め、人民共和国成立後は全国政治協商会議委員となった。

主化していこうということでした。ところが、それが結局はつぶされてしまった後、浙江財閥がどういう方向へ向かっていったかというと、高橋さんのお話にあったように、国民党の官僚や有力者と個別的・垂直的に結合することによって、利益を得ていこうとしたのです。それは、国民党の訓政から憲政への移行を遅らせることになりましたし、なかなか民主的な体制が国民党の下でできなかったことにも、つながっていったのだと思います。やはり中華民国の時代と現在の中国というのは、ある意味で似たような状況にあるのかなという印象を持ちました。

中村元哉　高橋さんがおっしゃった近現代中国の「国家の弱さ」ということについては、私も同感です。もう一方の自律性に乏しい社会という視点も、基本的にはそうなのだろうと納得できます。ただ、社団や中間団体の役割をどう見ればよいのかということが、焦点になってくるのではないかと思います。横のつながりという点では、確かに金子さんがおっしゃったように、社団や中間団体は弱かったのかもしれません。そして、個別的・垂直的に結びついていったのでしょう。しかし、垂直的に結びついていく中でも、私が今日述べたように各種の社団ないし中間団体が上に圧力をかけ、政策を変えていくということもあったのではないでしょうか。それからもう一点は、強い国家を創出し、自律性のある市民社会を創っていくという議論に関連して、シビック＝ナショナリズム論というものを高橋さんはどう評価するのか、それを近現代中国の政治体制の分析に、どのような形で応用されるのかということをうかがってみたいと思いました。

唐　亮　いくつか高橋さんにお聞きしたいと思います。第一点として、中国を捉える時は、どのようにダイナミックな変化を踏まえるかということです。この一〇〇年あるいは一五〇年の中国を考えると、内外の状況や社会構造、そして人々の意識などが大きく変わってきているので、どこか一部分を引っ張り出して証明するという方法で、変化のダイナミズムを捉えることができるのでしょうか。

第二点として、一九四九年以前の国家は非常に弱かったと私も思いますが、一九四九年以降、やはり中国共産党は以前よりも強力な権力体制を作ったのではないでしょうか。そして、近代化を進めていく上で、この権力の実行力を担保にして、今の経済的な実績を創り上げたのではないでしょうか。現行の一党支配体制が「弱い」という場合は、どこと比較して「弱い」のか、また比較の基準は何なのか。たとえば、成田空港が開港以来三〇年も四〇年も経ったのに、まだ二本目の滑走路ができていない。これに対して中国共産党政権の場合、立ち退きに一時的な抵抗はできても、次の日には警察が追い出してしまう。これが良いことかどうかは別として、こうした事例を通して、国家の実行能力をどう考えればよいかという問題があるのです。

第三点として、市民社会に関する高橋さんの議論は、やはりダイナミックな視点に欠けているのではないでしょうか。この点に関連して、最近のNPOやNGOという現象をどう見るかという問題があります。先ほど、社区の話も出てきました。四川大地震の際のボランティアの活動を考慮に入れるならば、国家と社会との関係、あるいは市民社会というものをどう評価すればよいのでしょうか。私は中国の市民社会が未熟だという議論に反論はしませんが、市民社会が形成に向かって動き出していることも踏まえて考えてほしいと思います。

第四点として、「ブルジョアジー」という言葉を使われましたが、これは「資本家」なのでしょうか、それともより広い意味での「中産階級」を含めて、市民社会論を考えるべきなのでしょうか。いわゆる「新中間層」に代表される人々と権力との関係、あるいは彼らが目指しているものや意識・行動に関して、私にとって非常に印象が深いのは、インターネットを利用して政治参加を行なっていることです。もちろん、それは大文字の「民主化」という政治改革ではなく、制度の改善や政策の改善、つまり社会を良くするための参加活動ですが、こうした政治参加は、徐々に活発になってきているのではないかと思います。

最後に、中国は民主化の展望を明確に打ち出せていないと言われましたが、たとえば韓国・台湾のような開発独裁型国家の民主化を考慮に入れると、中国も時間をかけて条件を整えていく中で、そのような展望が開かれる可能性があると思います。

深町　私も高橋さんのお話をうかがって感じたのは、政治体制を論ずる場合、ともすると国家の政府機構であるとか、あるいは権力配分とかいったところに目が向きがちですが、「社会」という視点が実はとても重要だということです。私は政治体制の四つの指標の三つ目として、「社会編制」を挙げました。これは政治学者が言うところの「政治的社会化」に相当するのかもしれません。ただ単に政治参加がどの程度許容されているか、民主か独裁かという単純な二元論ではなく、国家がどれだけ社会秩序の構築・維持に関与し、それによって人民がどれだけ「国民」化されているかを考えるべきです。これは前近代の体制と近代の体制とを比較する際、非常に重要な点ではないでしょうか。

たとえば、前近代の王朝体制の「鼓腹撃壌」という言葉でイメージされるような世界と、現代中国において人民公社が作られたりして、社会の隅々まで党の権力が及んだ時代と、どちらも「独裁」という言葉で十把ひとからげにしてしまうのは、かなり無理があるのではないかと私は考えています。その点で、政治体制を論じる上で「社会」という視点を取り入れることは、たいへん有意義でしょう。

高橋　皆さんのお話をうかがって重要だと思うのは、社団もしくは中間団体の性格をどう考えたらよいかということです。これはかつて *Modern China* 誌上で行なわれた討論、つまりウイリアム＝ロウ(5)が注目した善堂をはじめ、中国の大都市で清朝末期に登場した団体が、市民社会の萌芽であるのかどうかという論争と関わるのですが、かなり楽観的な見解を示したロウに対して、フレデリック＝ウェイクマン(6)が手厳しい批判を行ないました。中間団体は上を向いているのか、下を向いているのか、国家の手先なのか、それとも市民の代表者なのか、いったいどちらなのでしょう。おそらくこの論争は、決着がついていないと思います。

近年の成果として私が念頭に置いているのは、ゴードン＝ホワイト(7)が *In Search of Civil Society : Market Reform and Social Change in Contemporary China*（Oxford University Press, 1996）という本で、最近中国に生まれた社会団体が、たとえば資金をどこから調達しているのか、人材をどこから調達してくるのか、活動計画が国家の意図とどのように関係しているのかといったことを調べて、この中間団体はいったい国家の方に近いのか、それとも社会の方に近いのかという議論をしています。ホワイトの言い方を借りると、「市民社会の兆候を求めてわれわれは調査をしたけれども、そこに見出したのはコーポラティズムの兆候であった。」似たような結論を出している研究は、他にもあります。これは私自身が調査を行なっていないのでよくわかりませんが、少なくとも国家から自立した空間がはっきりと形成されつつあるとは、まだ結論できないのではないでしょうか。

また、現代中国のタクシー運転手や農民工、あるいは建設労働者や不動産所有者たちが、さまざまな団体を作って自分たちの利益を擁護し、伸長しようとしています。そういう団体は、はたして「市民社会の萌芽」と言えるのでしょうか。それらは政府とつながる部分もあるし、また「黒い連中」とつながっている部分もあって、市民性を体現しているというよりは、むしろ「非市民性」を体現するような集団であるのかもしれず、どちらの方向にも転びうるのだと思います。だから、はっきりとした結論は、まだ出ていないようです。

また、ナショナリズムが市民社会の形成の原動力になるかどうかという議論がありますが、現在のナショナリズムの運動を見ている限り、これは市民の連帯の兆候であるというよりも、市民社会の亀裂の兆候なのではないでしょうか。むしろ、市民社会の中でさまざまな

（5） ウイリアム＝ロウ（William T. Rowe）アメリカの歴史学者。著書に *Hankow : Commerce and Society in a Chinese City, 1796–1889*, Stanford University Press, 1984 ; *Crimson Rain : Seven Centuries of Violence in a Chinese County*, Stanford University Press, 2007 等。

（6） フレデリック＝ウェイクマン（Frederic Wakeman, Jr.）アメリカの歴史学者。著書に *Strangers at the Gate : Social Disorder in South China, 1839–1861*, University of California Press, 1966 ; *Spymaster : Dai Li and the Chinese Secret Service*, University of California Press, 2003 等。

（7） ゴードン＝ホワイト（Gordon White）アメリカの政治学者。著書に *Party and Professionals : The Political Role of Teachers in Contemporary China*, M. E. Sharpe, 1981 ; *Riding the Tiger : The Politics of Economic Reform in Post-Mao China*, Stanford University Press, 1993 等。

亀裂が深まり格差が生まれ、それがむしろ激烈なナショナリズムになって表れているという側面の方が、強いのではないでしょうか。だから、ナショナリズムが人々を強く結んでいるように見えながら、その内実はむしろ逆で、さまざまな社会の亀裂を覆い隠しているのだと思います。

深町　「中間団体」に関する議論として、日本でも古くから戒能通孝氏(8)や旗田巍氏(9)が、中国社会に共同体はあったかどうかということを、議論していたのが思い起こされます。それから、ナショナリズムや愛国主義は、まさに現在の中国において非常に顕著に目につく現象ですが、他方でまさに一〇〇年前から、さまざまな形でたびたび噴出していたものでもあります。それが政治体制とどのように関わるのかということは、もしかしたら案外今まで見落とされてきた視点かもしれません。

李　さきほど高橋さんと唐さんの間で、「強い国家か弱い国家か」という議論がありましたが、おそらく一九四九年までは金子さんや中村さんが言われるように「弱い国家」で、一九四九年以降は唐さんのおっしゃった「強い国家」だったと思います。ただし、一九八〇年代末から一九九〇年代にかけて中国の「単位」社会が崩壊したのは、強い国家に大きな限界が訪れたということを意味していて、また「弱い国家」の一面がクローズアップされたのではないかと思います。私が「社区」というものに注目したのは、そういう理由からです。

従来の「単位」においては住宅から健康保険まで、すべてが国家から与えられていたため、自分のものであるという「プロパティ」の意識はなく、全部「公人」でした。ところが新しい「社区」の中では、所有権とまではいかないにせよ、使用権を一般市民は手に入れたので、そこで初めて「プロパティ」という意識が非常に強くなってきたのです。自分の権利を守ることを意味する「維権」という行為は、その多くが自分たちの住んでいる「社区」の中で、自分たちの生活上の権利を守るために出てきたものでした。その場合、こういった「プロパティ」意識の芽生えが、最終的に中国的な市民社会の形成にまでつながるかもしれません。

私が「社区」の中で注目しているのは、「居民委員会」です。これは「国家」の位置づけでは住民の自治組織ですが、やっている仕事はほとんど国家から与えられた任務で、つまり国家と社会と両方の性格を持っているわけです。「国家」からの「社会」の自律性を追求し

(8)　戒能通孝（一九〇八〜一九七五）日本の法学者。著書に『法律社会学の諸問題』日本評論社、一九四三年、『暴力　日本社会のファッシズム機構』日本評論社、一九五〇年等。

(9)　旗田巍（一九〇八〜一九九四）日本の歴史学者。著書に『朝鮮史』岩波書店、一九五一年、『中国村落と共同体理論』岩波書店、一九七三年等。

ていく際、社区においては自律性が必ずしも国家と対抗関係にあるわけではないと思います。つまり、国家と対抗しながらも、同時に国家の力を借りて協力していくという側面もあるのです。

金子　ナショナリズムと関連して、私が使った「近代国家」に似た概念として「国民国家」がありますが、これは階級や民族や思想といった対立をはらみながら、国民としての一体性や統一性を、どう作り上げていくかというレベルで使われる概念です。しかし、その際には政治的秩序をどう作っていくのかという問題が、どうしても先行せざるをえないでしょう。特に中央から地方に至る「社会」を、どう制度的に組織化していくかという問題が重要になってきます。今回は制度的な組織化、権力の編成というレベルで議論をしたので、国民的一体性の創出という問題とは次元が違います。だから、統治権が中央に一元的に集中されているという意味で、「近代国家」という言葉を使いました。「国民国家」と「近代国家」という二つの概念は、論理的に位相が違うものとして整理できると考えています。

中村　ナショナリズムは、少なくとも「エスニックなナショナリズム」と「シビックなナショナリズム」の二つに分けて考える必要が、近現代中国でもあるのだろうと思います。「エスニックなナショナリズム」とは、多民族の中国において「中華民族」という一つのまとまりを作っていくために、国家をどうするべきなのかという議論です。他方、近代中国における「シビックなナショナリズム」とは、先ほど紹介した張知本などがそうですが、民族の問題にはとりあえず目をつぶり、中国の領土はここまでだと固定的・機械的にとらえて国家のルールをつくり、その中にいる人たちの多様性を認めながら、彼ら・彼女らをいかに国民化させ、市民にしていくのかという議論です。そういう枠組みで展開される自由論や人権論というものがあるので、この二つを分けて考えていく必要があると思います。

唐　人口の規模は、中国の政治体制の変容に大いに意味を持つと思います。民主主義が成立するための良好な環境というのは、人々の間の対立が少なく落ち着いて話し合うことができ、利益を主張しながら妥協できるような状況でしょう。そう考えれば、やはり大きな貧富の格差や、あるいはそれに象徴される社会的な亀裂が大きいという状況では、特権を持っている側は自分の利益を失わないために、必死で民主化運動に抵抗します。逆に持っていない側は、体制を壊してもよいと懸命になるでしょう。そのような状況での民主化というのはコストが大きいし、場合によっては体制を一時的に壊して新しい体制を導入しても、はたして定着して成熟していくか疑問です。そう考えてみれば、中国はこの六〇年間で発展を遂げているけれども、しかし経済発展の恩恵が国民の隅々に行き渡るまでは、やはりまだまだ時間がかかります。その意味で、中国の経済的な近代化や政治的な変革において、人口や民族といった問題は特殊な事情として、大きな困難をもたらす要素であると理解しています。

なお、旧ソ連の崩壊後にロシアの民主化が停滞している原因を考える時、ロシア研究者は「二重移行」「三重移行」という言葉を使っています。単なる民主化ではなく、旧ソ連は経済改革と政治改革を同時にやった。しかも、その間に民族問題が噴出して、国家体制の再編という課題と同時に解決せねばならなかった。そういう意味では中国も多民族国家ですから、ソ連ほど深刻かどうかは別として、民族問題や人口の規模といった「規模の政治学」が、なんらかの形で近代化の過程に影響してくるのではないか思います。

また、現代中国の政治改革において、私の理解では中国共産党が主導権を握って改革を進めていると同時に、社会から改革への要求が高まってきています。主導権や力関係の逆転とまでは行かないのですが、外部からの要求は徐々に強まっています。社会構造の変化やグローバル化の中で、権力による弾圧のコストが高くなって、民主化要求を以前のように暴力的に抑えるには、相当なコストを覚悟しなければなりません。だから長い変化の過程で、力関係に徐々に変化が起きてくるかもしれません。

高橋　非常に思いきって単純化してしまうと、民主主義というのは十分に強い親と、十分に自立した子どもの間に取り決められる、関係の束であると言うことができるでしょう。「強い親」というのは、別に暴力的な親のことを指すわけではありません。たとえば、兄弟げんかを平和的に収める力があるとか、子供が必要なサービスを持続的に提供できるとか、子供が「アメが欲しい」とか「おもちゃが欲しい」と言った時に、すぐ与えるような親ではなく、合理的な要求は聞こうといった態度です。そういう強い親に対して子供には反抗期があって、強い親との間に十分な緊張関係を持って成長することで、初めて自立的な子供が生まれます。この両者の間に取り決められるのが民主主義的な体制だというのが、最近の民主主義の理論ではないかと思われます。

先ほど唐さんから成田闘争の話が出て、これが中国ならば反対派は政府の力ですぐに鎮圧できると言われました。確かにそうかもしれませんが、中国の場合にありがちなのは、地方政府と黒い連中とがグルになり、やくざ者を雇ってそこに住んでいる農民を追い出しにかかるといった事態です。これは私の定義では、「強い政府」にはならない。社会の中にある特殊な利益に、いとも簡単に引きずられてしまうような政府は、強いとは言えないでしょう。そのような意味で、中国の国家というのは十分に強いと言えないのではないかというのが、私の問題提起です。

深町　たいへん広範な議論になっていますが、論点が二つに絞れてくるかと思います。一つは「中間団体」に象徴される、社会の側のある程度の成熟というか、民主主義体制の確立を可能にするような、国家とはいったん切り離された社会の公共性が、近現代中国史上にどの程度現れたのか、あるいは現れていないのかということです。もう一つは、これと表裏一体をなすのかもしれませんが、近現代中国に頻繁に現れるナショナリズムや愛国主義が、社会の公共性とどこかでつながりうるものなのか、それを代位しうるものなのかということです。これらについて考える際、近代的な体制としての民主主義に前近代的な体制から移行・転換した他の事例、つまり中国以外の事例との比較を試みることが、もしかしたら有用であるかもしれません。それでは最後に言い残したことや、また可能であれば今後の展望を述べてください。

高橋　おそらく当面の間、中国は過去の毛沢東時代のような権威主義体制に戻ることもできなければ、民主主義体制に進むこともできないでしょう。中国共産党の支配は維持されたまま、その中で political decay、つまり政治的退行が進んでいくのだと思います。その先に出てくるのは、軍事クーデターかもしれません。

「国家の弱さ」ということに関して、中国に現れた政治組織の顕著な特徴の一つは、ヨーロッパの近代国家と比較して、大衆運動を組織する能力がかなり低いということです。ドイツにせよ、イタリアにせよ、ファシズムはかなり大きな大衆運動として発展しました。これとは逆に、下からのファシズムを支えるような大衆運動の大波が起こらず、上からなし崩し的にファッショ化が進んだことが、日本の天皇制ファシズムの特徴だと考えられてきました。ドイツの場合、ナチ党の党員数が膨大です。同党が政権を握った一九三三年一月時点で、党員数は一四〇万人でした。これが一九四三年五月になると七六〇万人にもなって、ドイツ総人口の約一〇パーセントを占めています。中国共産党の党員数は、現在でも総人口の約五・五パーセントです。これはイタリアのファシスト党でもほとんど同じで、同党が政権を掌握した時の党員数は約三〇万人、当時のイタリアの総人口が四五〇〇万人でしたから、やはり人口比でかなりの数字だということになります。

したがって、ドイツ・イタリアのファシズム運動と比較すれば、中国の蔣介石がやったかもしれないいわゆるファシズム運動は、取るに足らない大衆的基盤しか持っていなかったということになります。どうして強い国家・強い党を目指しながら、これほど貧弱な大衆運動しか組織できなかったのか。これはおそらくこれからの政治史研究の中で、非常に重要な地位を占めていく問題ではないか思います。

唐　やはり中国は変革の過程にあって、これから紆余曲折の道をたどりながらも、普遍的な価値を模索していくのではないかと思います。高橋さんの「強い国家が民主化には必要」という意見には賛同しますが、その「弱い国家」「強い国家」を量る基準とは何かという問題があります。私は国家能力を言う際に、次の二つの能力を重視します。まずは秩序の形成能力で、もう一つは政策の変換能力です。これらは、国家が社会を自分の意思の通りに動かしていく能力のことだと、抽象的に理解することができますが、それを見る際に実は価値の問題を考慮に入れなければなりません。
私は先ほど一九四九年以降の中国共産党には能力があったと述べましたが、それは基本的に権力が権力側の立場に立って、政治や政策を動かしていく能力だったと思います。それは普遍的な価値から見ると、理想的な国家の能力ではありません。その意味で改革開放の三〇年間というのは、その能力が自由と権利の拡大を図りながら、秩序の形成能力と政策の変換能力を維持していくという過程だったのでしょう。その点で、この三〇年間はそのような能力の維持を新しい理念、新しい方向として模索している段階で、これからも引き続き模索していくのではないでしょうか。

中村　張知本の唱えた「政—軍分離」は制度化されなかったのですが、やはり彼が重視した党・政府・軍から自由や権利を守るための司法制度論は、実際に政治構造に組み入れられ、類似の理念が「中華民国憲法」では明文化されました。その象徴が、大法官会議の設置です。これは彼の理念がそのまま制度化されたわけではありませんが、その理念の一部が政治構造に組み込まれた一例です。一九五〇～六〇年代にはうまく機能しなかったかもしれませんが、大法官会議が三権分立下の司法権と、ほぼ同等の働きをしていると評価する人も、現代台湾の政治学者にはいます。つまり、私が最後に申し上げておきたいことは、過去に埋没してしまっている事実にも、現代中国や現代台湾を考察する上で、有意義なものがあるということです。

金子　制度を通じて表れる民意が、近代中国でどう形成されたのかを見ていく必要があると思います。そう考えると、アメリカの圧力という戦後中国をとりまく国際環境も考慮に入れなければなりませんが、国民党の蔣介石は制度を通じて表れる民意に対してはそれなりに敏感で、だからこそ内戦期に立法院ができて、それを無視することがついにできず、それにがんじがらめにされて、内戦にも機動的な対応ができなかったという面があると思います。それに対して毛沢東は、少し毛色の違う政治家だったのでしょう。現在の人民代表大会制度というのは、共産党が一元的に民意を形成した上で成り立つ議会的な存在ですから、もし本当に中国社会が政治的価値観も多元化してきて、それが人民代表大会制度の中に反映されてくるようになると、人民代表大会制度と民主主義とは両立しえないだろうと思います。ですから、その前におそらく共産党はストップをかけるでしょうが、人民代表大会制度が混乱をきたした時が、本当に中国で民主化が問題になる時ではないかと考えています。

李　中国における理想的な政治というのは、やはり「政通人和」です。権力は悪であるという西洋の徹底した人間に対するペシミズムとは、完全に違う価値観があるように思います。ウェスタン＝インパクト以降、西洋の「法治」の優れた点を、近代中国の啓蒙知識人たちは十分に認識していたと思います。しかし他方では、やはりどうしてもそういった一種の人間主義というか、人に対する一種の信頼、あるいは権力は必ずしも悪ではないと考え、むしろもっとプラスにとらえるといった傾向があったようで、それは現在でも依然として続いていると思います。

すると、やはり民意という要素が出てくるのですが、では民意はいかなる手段で表出することができるのでしょう。歴史的に見るとよくわかるように、民意というのは都合よく使われる言葉です。民意を担保する機関をどうやって作りだすかということを考えて、近代の知識人たちは国会にたどり着いたのです。現在の中国政治について言うと、全人代だけに期待するのではなく、たとえば協商会議など、マルチなチャンネルで「民意」が表出されるような機構が、単なる建前としてではなく、実質的に監督の役割を果たしていけるかどうかが、これからのカギになるのではないかと思います。

終章　近現代中国政治体制の諸問題

斎藤道彦

近現代中国の政治体制を考察する際、あわせて検討すべき問題は数多くあるが、その中には政治体制との関係が、必ずしも自明ではないものもある。

たとえば、その一つが民族問題であろう。満洲人の建てた清朝が、漢人の居住する中国本部を征服して、これを直接支配下に置いただけでなく、モンゴル人・ウイグル人・チベット人が居住する地域をも、「藩部」として間接的に支配していたことが、この問題の淵源にある。

清朝を打倒しながらも、その領域を継承することにより、漢人を主体として成立した中華民国、そしてその後継者たる中華人民共和国は、いずれも「中国人とは誰か」という、根源的な問いをかかえこむことになった。これを解決するために案出されたのが、「中華民族」という概念である。民族問題と政治体制との関係は、今後よりいっそうの検討を必要とする論点であろう。

また、法治について論じる場合、国家のあり方そのものを規定する憲法などだけでなく、より微細な法令の制定・施行状況にも注意を払うことにより、従来の定説とは異なる政権や時代の像が、描き出されることになるかもしれない。

政治体制をめぐる議論は、様々な方向に発展する可能性を含んでいる。(編者)

中国法制史研究の仁井田陞(1)はかつて、西洋と東洋はどこが違うかという問題を立てて、西洋では自由が発見されたのに対して、東洋では「家父長としての配慮をもった専制君主、もしくは専制主義が久しく支配し続けた」と言っている。

この一〇〇年の政治体制史は、王朝体制→共和制→社会主義という過程であった。孫文は清末の時期に「排満」を掲げ、そして「中国」を創出するという意味で中国同盟会という名前を作った。つまり、「中国」というのは思想・政治理念なのであり、「中国」というものを作り出そうという運動であった。それを進めていく中で辛亥革命に成功して、一九一二年の一月一日に中華民国が成立したが、この日をもって「排満」を放棄し、「五族共和」に転化した。「五族共和」に転換することによって、清朝の領土の継承が基本的に達成された。しかし、それによって同時に民族問題をかかえこむことになった。これを解決するために孫文の出した処方箋は、「中華民族」を形成することで、漢族を中心として諸民族をその中に吸収・同化していくという考え方である。

(1)　仁井田陞（一九〇四～一九六六）日本の法学者。著書に『唐令拾遺』東方文化学院東京研究所、一九三三年、『中国の社会とギルド』岩波書店、一九五一年等。

中国には、五つの近代化コースがあった。一つは清朝の立憲君主制の構想だが、これは実現する前に革命が起こり破綻した。二番目は中華民国の前期のうちの初期に出てきた、臨時約法が機能した時期の議会制民主主義、議院内閣制の制度である。そして三番目が、民国前期の大総統制および中華民国後期の大総統内閣制だが、前者と後者はかなり違うものだと思われる。四番目として、民国前期の「連省自治運動」、連邦制であった。五番目は民国後期の訓政、いわゆる「以党治国」体制と中華人民共和国の「党国家主義」である。党が決定機関であり、国家は執行機関であると規定される。つまり、党と国家がまったく一体で区別がないという点で、「党国家主義」と呼ぶことができる。

「近代」という概念は一般に、前近代に比べて「市民的権利」「政治的平等」「議会制度」「人権尊重」などを追求するという内容を持っている。しかし、中国の近代というのはやや特殊性があって、伝統的な中華世界の一部が崩壊過程に入っていく中で、欧米近代世界の政治・社会・経済システムと文化への接近を追求した過程であるとともに、同時にそれは「漢族主権」による中華世界の回復・強化を目指すという、本質的に反近代であるところの感情・意識・運動をともなっていた。

中国において近代史がいつ始まるかという点については、いわゆるウェスタン＝インパクト（アヘン戦争）であるとすることに議論はなく、共通の認識だと考えてよい。それに対して、近代史と現代史を区分する画期はどこにあったかについては、かつては五・四運動だと言われてきた。五・四運動以前が旧民主主義革命時期で、以後が新民主主義革命時期だという議論であるが、この見方を採る研究者は今では日本にはほとんどいない。

「連省自治」について、少し補足しておこう。袁世凱の帝制に反対して決起した、一九一六年の護国軍「軍政府布告」に「連邦制」が入っており、かなり早い時期から「連邦制」という思想・主張はあった。また、モンゴル独立運動の代表であったチョイバルサン(2)も一九二一年に、もし四川・チベット・ウイグル・満洲などが連邦を作るならば、自分たちも参加してよいと言っていたことは、あまり知られていない。

清朝では法律についても近代化の措置をかなり採っており、この時期に司法と行政の分離が達成された。「大清新刑律」が作られて肉刑の廃止を定めたのも、近代化の過程であったと言える。

袁世凱が当初追求したのは、議会よりも強い権限を持った大総統制だったと考えられる。一九一三年に中華民国憲法草案、いわゆる「天壇憲草」が作られたが、国民主権の規定がな

(2)　チョイバルサン（一八九五～一九五二）モンゴルの革命家。ロシアに留学し、帰国後の一九二〇年にモンゴル人民党を結成する。一九二四年のモンゴル人民共和国成立後、全軍司令官・首相などを歴任した。

く、「孔子の道を修身の大本とする」という規定があるので悪評嘖々であったが、この中に立法権は国会にあるという規定が入っている点は、正当に評価されてこなかった。一九一四年には袁世凱の下で中華民国約法が作られたが、これについてもきちんとした評価をする必要があるのではないか。一九二三年には曹錕の憲法が作られ[3]、二院制をとるとか、立法権が国会にあるとか、国民主権であるとか、内容はかなり近代的な内容を持っていたということを、再評価すべきではないか。段祺瑞の北京臨時執政政府になった一九二五年にも、中華民国憲法草案が出されている。

したがって、これまでの「軍閥統治」というような、憲法そのものを否定する体制がずっと続いていたという議論は、少し歪んではいないか。たとえば一九二一年には、刑事訴訟法と民事訴訟法の分離が達成されている。こういった点からも、法制の近代化が進んでいたと言えるのではないか。民国後期・国民政府時代の一九二九年になると、民法総則・物権・債権・親権・継承などについての法律が公布されている。

近代国家の条件は、立憲主義と権力の分立と代議制の三つであると、政治学では言われている。中華人民共和国については、毛沢東型の社会主義の時代と鄧小平による改革開放の時代の二つに分けられ、毛沢東型の場合には経済建設に失敗したが、「党国家主義」は堅持され、憲政への移行プログラムが存在しない。これが国民党政権と共産党政権の違いであり、国民党政権は軍政→訓政→憲政という三段階論を採っていて、訓政になってから六年以内に憲政を実施するというプログラムを持っていた。しかし、中華人民共和国では国民党の訓政体制に非常に似た体制を作っているが、憲政プログラムというものは持っていないところが違う。鄧小平時代になって、経済建設が成功したのは、毛沢東時代との大きな違いだが、「党国家主義」は堅持されており、憲政への移行プログラムが存在しないことに変わりはない。そして、「中華世界」の建設という目標が追求され、旧清朝領土の全面継承願望が堅持されているという点も違いがない。また、「中華民族」を作りだすという目標についても、まったく違いがない。

一九八九年に「天安門事件」が起こったが、一〇〇万人の人々が民主化を要求したということは、中国の歴史の中で初めてのことである。六・四軍事弾圧の後はこれに類することは起こっていないが、将来の方向性として、党の中枢部にも民主化を主張するグループが存在していたということが、あの事件では確認されており、現在もそれは健在であるということを、私は確信している。

---

(3) 曹錕(一八六二〜一九三八)直隷省出身。袁世凱腹心の軍人として台頭し、袁の死後は直隷督軍等を務め、直隷派の主要人物として安徽派・奉天派と北京政府の主導権を争い、一九二三年には大総統に就任した。

おわりに

本書と、その原型となったシンポジウムは、一つの実験である。中国人が新たな政治体制を模索してきた、この一〇〇年におよぶ過程の全体を、歴史学者と政治学者がともに検討するという試みは、これまでにほとんどなされていないからである。

では、その結果として、いったいどのような論点が浮かび上がってきたのだろうか。以下、序論で挙げた四項・二点を考慮に入れつつ、論点を整理してみよう。

まず目につくのは、今後の中国において民意表出の制度化が進む可能性に対して、慎重ながらも楽観的な見解を示す唐亮と、逆にきわめて悲観的な態度を取る高橋伸夫との対比である。中国特有の公共性を欠いた「弱い国家・弱い社会」が、民主主義であれ権威主義であれ、政治体制の安定的な制度化を困難にしていると説く高橋に対して、唐は人民共和国が民国よりもはるかに、秩序形成・政策変換の能力を持つ強い国家であり、また社会にはNGO・ボランティアや「新中間層」など、公共性・政治参加の萌芽も見られると唱える。これは、中国が先進国とは異質な「国情」を持つ特殊な事例であり続けているのか、それとも国際環境の影響下で、普遍的な民主化の過程をたどっているのかという論点である。

唐と同様に、民意表出の制度化が進む可能性に対して、やや楽観的であるかに見える李暁東は、しかし他の論者とは一人異なり、法治という正統性原理が性悪説に基づくのではないかと指摘し、この近代西洋に由来する理念を無条件には肯定しない。そして、中国政治には西洋と異なる人間への信頼が通底している一方で、民本主義の伝統や国家―社会を媒介する「第三領域」の存在が、民主主義を受容する素地となりうると唱え、全体として「国情」と国際環境の調和を説くことにより、言わば民主化のハードルを下げる議論を展開する。このように伝統と近代との連続性、つまり「変わらない中国」を描き出す姿勢は、正負の価値判断は真逆でありながら、奇妙なことに高橋のそれと相通ずる。これとは反対に、近代中国政治の「変化した」側面を強調するのが、中村元哉である。すなわち、国民党政権下で法治・民主・自由が希求されていたことや、中間団体が一定の社会的公共性を担っていたことを指摘して、中国の政治文化が一貫して独裁・統制と親和的であるという通説を批判するのだが、これは斎藤道彦にも共通する議論である。ここでは、ウェスタン＝インパクトを経てなお、中国の政治文化が「中国的」であり続けているのか、また西洋とは異なる「中国型民主主義」が存在しうるのかといったことが、検討を要する論点となろう。

これに対して金子肇は、「立憲主義的拘束」を受けていたはずの民国政治が、民主主義の確立に失敗し「軍閥割拠」状態を呈した一因を、「議会専制」という民意の暴走に求める。これは、近代的政治参加制度を中国に導入する際の困難、すなわち政治的自由が社会的秩序を破壊する危険性を指摘したもので、中国人の「民度」の低さや公共性の欠如を指摘する、李や高橋の議論にも通ずる。この自由と秩序というジレンマは、今日の中国にも当てはまろう。その両立の可能性を、唐は経済発展に伴う漸進的な社会の成熟に、中村はシビック＝ナショナリズム論に、李は「第三領域」の役割に求めているようだが、金子は民意の表出が一元的支配と衝突する危険性を懸念する。そこで、政治参加の実現と社会秩序の維持とは両立しうるのかという、今一つの論点が浮かび上がる。

以上の諸点に関して、本書の議論を整理しつつ、編者の私見を最後に述べておきたい。

まず、現在の中国の政治体制が、一〇〇年史の産物であることを再確認しておこう。清朝末期、中国人を政治体制改革へと駆り立てた最大の動機は、富強化の願望であった。列強の圧迫に抵抗して独立と統一を維持すべく、教育の普及や産業の振興といった社会編制の強化により、国家が社会から調達しうる人的・物的資源を最大化する必要が認識されたのである。これは、人民が徴税や治安維持の受動的な対象にすぎなかった、前近代的な専制国家から、国家発展の能動的な担い手たる「国民」によって構成される、近代的な国民国家への転換を意味する。このような人民の「国民」化を促進すべく、政治参加の制度化が求められたのだが、これを国家が許容する速度が緩慢であったため、社会の不満が爆発し清朝は滅亡した。

中華民国は民意に基づく法治を正統性根拠としたが、軍事力の拡散と「私兵」化により、憲法・議会は強制力の裏づけを欠きがちであった。国家は社会の多様な利害を超越し公共性を体現して、それらを調整する役割を果たすことができず、むしろ私的利害を正統化する手段として争奪の対象になってしまう。国民党政権は漸進的に政治参加の制度化を進めたが、それは社会の支持を調達するよりも、むしろ国家の弱体を露呈するものであり、軍事力の一元的掌握の失敗ともあいまって、中華民国の崩壊につながってしまう。

中華人民共和国を建国した共産党政権は、人民の利害を党が代表するという自己規定や、党の指導に基づいて表出される民意に、正統性根拠を求めた。強制力を独占し国家と一体化した党は、社会の多様な利害を次第に圧倒し、経済的・文化的諸活動をその管理下に置いたが、過度な統制は経済・文化の停滞を招き、恣意的な動員は社会秩序や国家行政の混乱すら引き起こしたため、中華人民共和国は体制の再編を余儀なくされる。

このように、中国人は前近代的専制主義を否定したものの、民主主義も全体主義も実現することができず、それゆえ中間的な体制である権威主義、すなわち依然として制限された民意の表出と、従来よりも緩和された経済・文化への統制との組み合わせにより、ようやく近代的国民国家としての相対的な体制の安定と、そして何より一〇〇年来の課題であった富強化を実現しつつある。そのような成果に対する社会の一般的肯定が、現政権の正統性根拠となっているのではあるまいか。換言すれば、個別の諸政策をめぐる批判は少なくないものの、政治体制の根本的な変革は、現代中国人の多数派が望むところとはなっていないように思われる。したがって、経済成長が頓挫して社会秩序が混乱するような事態に至らぬ限りは、現体制が相当な長期にわたり持続する可能性が高い。

これは確かに、先進諸国とは異質な政治体制である（シンガポールやロシアとの比較は可能だが）。特に、私的利害を超越して公共性を体現する法に基づく統治を意味する法治主義は、一〇〇年におよぶ中国近現代史において、最も実現が困難な理念であった。今後、社会の多様化にともなって相互に矛盾する利害の衝突が増すとしても、それらを調整するのは抽象的な規範としての法ではなく、その治績に基づく民意の支持を正統性根拠としつつ、独占的に掌握した強制力を背景に一定の統制を行なう、中国共産党という具体的な存在であり続けよう。これは、私的人倫が公共道徳に優越するため、市民社会が未成熟であることと表裏一体をなす現象であり、また民主主義への移行を困難にしている主因の一つでもある。

このような「国情」は外国人をとまどわせるものだが、それでも国際社会における中国の影響力は、今後も拡大していくだろう。この巨大かつ異質な隣人と共存するすべを、日本人は模索していかねばならない。（編者）

近現代中国政治史年表

一八四〇（〜四二）	アヘン戦争
一八五一（〜六四）	太平天国
一八五六（〜六〇）	アロー戦争
一八八四（〜八五）	清仏戦争
一八九三（四？）	興中会結成
一八九四（〜五）	日清戦争
一八九八	戊戌変法・政変
一九〇〇（〜〇一）	義和団戦争
一九〇五	五大臣派遣、科挙廃止
	中国同盟会結成
一九〇六	「預備立憲」宣布
一九〇八	「憲法大綱」公布

一九〇九　各省諮議局成立
一九一〇　資政院成立
一九一一（〜一二）　辛亥革命
一九一二　「臨時約法」公布
中国同盟会が国民党に改組
一九一三　国会成立
第二革命、国民党解散
一九一四　国会解散、「臨時約法」廃止
中華革命党結成
一九一五（〜一六）　護国運動
一九一六　国会・「臨時約法」回復
一九一七（〜二二）　護法運動
一九一八（〜二〇）　新国会成立
一九一九　五・四運動
中華革命党が中国国民党と改称
一九二一　中国共産党成立

近現代中国政治史年表

一九二四	中国国民党「連ソ容共」（第一次国共合作）
一九二五	孫文死去、国民政府成立
一九二六（～二八）	国民革命
一九二七	四・一二反共クーデター
一九二八	訓政開始
一九三〇（～三六）	剿共戦
一九三一	「訓政時期約法」公布
	満洲事変
	中華ソビエト共和国臨時政府成立
一九三二	「満洲国」成立
一九三六	「中華民国憲法草案」（五五憲草）公布
	西安事件
一九三七	日中戦争勃発
	第二次国共合作
一九三八	国民参政会成立
一九四五	日本降伏

一九四六（〜四九）　国共内戦
一九四七　「中華民国憲法」公布
　国民大会代表選挙
一九四八　総統選出、憲政開始
　「動員戡乱時期臨時条款」公布
一九四九　中華人民共和国成立、中華民国政府台湾移転
一九五〇（〜五三）　朝鮮戦争
　土地改革
一九五四　「中華人民共和国憲法」公布
一九五七（〜五八）　反右派闘争
一九五八（〜六〇）　大躍進政策
一九五九　チベット動乱
一九六六（〜七七）　文化大革命
一九七一　中華人民共和国が国連代表権獲得
一九七二　日本が中華人民共和国と国交締結
一九七五　蔣介石死去

一九七六	毛沢東死去
一九七八	改革・開放政策開始
一九七九	米国が中華人民共和国と国交締結
	中越戦争
一九八四	香港返還決定
一九八九	六・四天安門事件
一九九一	「動員戡乱時期臨時条款」廃止
一九九二	鄧小平南巡講和
一九九七	香港返還
一九九九	マカオ返還
二〇〇八	北京オリンピック開催

読書案内

近現代中国政治体制史に関して、さらに詳しく知りたい読者のために、比較的新しい日本語の文献を紹介する。（出版年順）

一、清朝末期～民国前期に関するもの

中央大学人文科学研究所編『五・四運動史像の再検討』中央大学出版部、一九八六年。

斎藤道彦『五・四運動の虚像と実像　一九一九年五月四日　北京』中央大学出版部、一九九二年。

塚本元『中国における国家建設の試み　湖南　一九一九―一九二一年』東京大学出版会、一九九四年。

中央大学人文科学研究所編『民国前期中国と東アジアの変動』中央大学出版部、一九九九年。

深町英夫『近代中国における政党・社会・国家　中国国民党の形成過程』中央大学出版

部、一九九九年。

李暁東『近代中国の立憲構想　厳復・楊度・梁啓超と明治啓蒙思想』法政大学出版局、二〇〇五年。

野村浩一『近代中国の政治文化　民権・立憲・皇権』岩波書店、二〇〇七年。

金子肇『近代中国の中央と地方　民国前期の国家統合と行財政』汲古書院、二〇〇八年。

曽田三郎『立憲国家中国への始動　明治憲政と近代中国』思文閣出版、二〇〇九年。

二、民国後期あるいは国民党政権に関するもの

狭間直樹編『中国国民革命の研究』京都大学人文科学研究所、一九九二年。

狭間直樹編『一九二〇年代の中国　京都大学人文科学研究所共同研究報告』汲古書院、一九九五年。

栃木利夫・坂野良吉『中国国民革命　戦間期東アジアの地殻変動』法政大学出版局、一九九七年。

姫田光義編著『戦後中国国民政府史の研究　一九四五―一九四九年』中央大学出版部、二〇〇一年。

家近亮子『蔣介石と南京国民政府』慶應義塾大学出版会、二〇〇二年。

松本充豊『中国国民党「党営事業」の研究』アジア政経学会、二〇〇二年。

石島紀之・久保亨編『重慶国民政府史の研究』東京大学出版会、二〇〇四年。

中村元哉『戦後中国の憲政実施と言論の自由　一九四五―四九』東京大学出版会、二〇〇四年。

坂野良吉『中国国民革命政治過程の研究』校倉書房、二〇〇四年。

中央大学人文科学研究所編『民国後期中国国民党政権の研究』中央大学出版部、二〇〇五年。

段瑞聡『蔣介石と新生活運動』慶應義塾大学出版会、二〇〇六年。

松田康博『台湾における一党独裁体制の成立』慶應義塾大学出版会、二〇〇六年。

笹川裕史・奥村哲『銃後の中国社会　日中戦争下の総動員と農村』岩波書店、二〇〇七年。

水羽信男『中国近代のリベラリズム』東方書店、二〇〇七年。

光田剛『中国国民政府期の華北政治　一九二八―三七年』御茶の水書房、二〇〇七年。

味岡徹『中国国民党訓政下の政治改革』汲古書院、二〇〇八年。

若林正丈『台湾の政治　中華民国台湾化の戦後史』東京大学出版会、二〇〇八年。

三、人民共和国期あるいは共産党政権に関するもの

田中恭子『土地と権力　中国の農村革命』名古屋大学出版会、一九九六年。

高橋伸夫『中国革命と国際環境　中国共産党の国際情勢認識とソ連　一九三七年～一九六〇年』慶應義塾大学出版会、一九九六年。

唐亮『現代中国の党政関係』慶應義塾大学出版会、一九九七年。

天児慧『現代中国　移行期の政治社会』東京大学出版会、一九九八年。

趙宏偉『中国の重層集権体制と経済発展』東京大学出版会、一九九八年。

斎藤道彦『中国の政治・行政システムと地方「自治」』東京都議会議会局、一九九九年。

小島朋之『現代中国の政治　その理論と実践』慶應義塾大学出版会、一九九九年。

石川禎浩『中国共産党成立史』岩波書店、二〇〇一年。

唐亮『変貌する中国政治　漸進路線と民主化』東京大学出版会、二〇〇一年。

李明伍『現代中国の支配と官僚制　体制変容のダイナミックス』有信堂、二〇〇一年。

田中仁『一九三〇年代中国政治史研究　中国共産党の危機と再生』勁草書房、二〇〇二年。

国分良成『現代中国の政治と官僚制』慶應義塾大学出版会、二〇〇四年。

毛里和子『現代中国政治（新版）』名古屋大学出版会、二〇〇四年。

加茂具樹『現代中国政治と人民代表大会　人代の機能改革と「領導・被領導」関係の変化』慶應義塾大学出版会、二〇〇六年。

高橋伸夫『党と農民　中国農民革命の再検討』研文出版、二〇〇六年。

泉谷陽子『中国建国初期の政治と経済　大衆運動と社会主義体制』御茶の水書房、二〇〇七年。

金野純『中国社会と大衆動員　毛沢東時代の政治権力と民衆』御茶の水書房、二〇〇八年。

四、その他

横山宏章『中華民国史　専制と民主の相剋』三一書房、一九九六年。

田中仁編著『原典で読む二〇世紀中国政治史』白帝社、二〇〇三年。

家近亮子編『中国近現代政治史年表　一八〇〇～二〇〇三年』晃洋書房、二〇〇四年。

西村成雄『二〇世紀中国の政治空間「中華民族的国民国家」の凝集力』青木書店、二〇〇四年。

奥村哲『中国の資本主義と社会主義　近現代史像の再構成』桜井書店、二〇〇四年。

田中比呂志・飯島渉編『中国近現代史研究のスタンダード　卒業論文を書く』研文出版、

二〇〇五年。

飯島渉・田中比呂志編『二一世紀の中国近現代史研究を求めて』研文出版、二〇〇六年。

久保亨編著『一九四九年前後の中国』汲古書院、二〇〇六年。

山田辰雄『中国近代政治史（改訂版）』放送大学教育振興会、二〇〇七年。

久保亨・高田幸男・井上久士・土田哲夫『現代中国の歴史　両岸三地一〇〇年のあゆみ』

　東京大学出版会、二〇〇八年。

田原史起『二十世紀中国の革命と農村』山川出版社、二〇〇八年。

後記

本書の出版に至る過程で、編者は多くの方々から支援を受けた。

まえがきで述べた通り、本書は二〇〇九年二月一日に行なわれたシンポジウム「中国政治体制一〇〇年　歴史学と政治学の対話」に基づいている。このシンポジウムを開催するに当たり、中央大学政策文化総合研究所の佐藤元英所長と、中央大学日中関係発展研究センターの林田博光センター長に後援を仰いだ。また、事前準備は中央大学研究所合同事務室の新橋雅敏・宮澤幸子両氏に、当日の会場業務は安里憲彦・蝦名美夏・大友美香・菊池直樹・黒石愛・高橋大介・藤本紗希・松島美帆・行縄佳央里の諸君に、それぞれ協力を求めた。そして、シンポジウムにおいては来場者からも、多くの貴重な発言がなされており、本書には収録できなかったものの、その趣旨をなるべく汲みとるよう、主催者として努めたつもりである。

シンポジウム記録のテープ起こし作業は、ＪＳＴ中国総合研究センターの西野可奈氏に依頼した。そして、この中央大学出版部としては前例のない種類の書籍である本書を、こうして上梓することができるのは、同出版部の大澤雅範氏のおかげであり、また同氏を私に紹介していただいた後、二〇〇九年三月に出版部を退職した平山勝基氏のおかげでもある。

これらすべての方々に、この場を借りて謝意を表したい。しかし、本書に欠点・過誤があるとすれば、それはひとえに編者が責を負うべきである。

深 町 英 夫（中央大学経済学部教授）
1966年生
東京外国語大学大学院地域文化研究科修了、学術博士
主著：『近代広東的政党・社会・国家　中国国民党及其党国体制的形成過程』社会科学文献出版社、2003年

李　暁　東（島根県立大学総合政策学部准教授）
1967年生
成蹊大学大学院法学政治学研究科修了、政治学博士
主著：『近代中国の立憲構想　厳復・楊度・梁啓超と明治啓蒙思想』法政大学出版局、2005年

金　子　肇（下関市立大学経済学部教授）
1959年生
広島大学大学院文学研究科修了、文学博士
主著：『近代中国の中央と地方　民国前期の国家統合と行財政』汲古書院、2008年

中 村 元 哉（南山大学外国語学部准教授）
1973年生
東京大学大学院総合文化研究科修了、学術博士
主著：『戦後中国の憲政実施と言論の自由　1945—49』東京大学出版会、2004年

唐　　　亮（早稲田大学政治経済学部教授）
1963年生
慶應義塾大学大学院法学研究科修了、法学博士
主著：『変貌する中国政治　漸進路線と民主化』東京大学出版会、2001年

高 橋 伸 夫（慶應義塾大学法学部教授）
1960年生
慶應義塾大学大学院法学研究科修了、法学博士
主著：『党と農民　中国農民革命の再検討』研文出版、2006年

斎 藤 道 彦（中央大学経済学部教授）
1943年生
東京大学大学院人文科学研究科修了
主著：『五・四運動の虚像と実像　1919年５月４日北京』中央大学出版部、1992年

中国政治体制100年　何が求められてきたのか

2009年11月6日　初版第1刷発行

編　者　深　町　英　夫
発行者　玉　造　竹　彦

郵便番号 192-0393
東京都八王子市東中野742－1
発行所　中央大学出版部
電話 042(674)2351　FAX 042(674)2354
http://www2.chuo-u.ac.jp/up/

 ISBN978-4-8057-4146-7　　印刷・藤原印刷